Schröter / Nowak · Positionierung geschlossener Immobilienfonds

Philipp Schröter / Dr. Michael Nowak

Positionierung geschlossener Immobilienfonds

Bauhaus-Universität Weimar

Universitätsbibliothek

216 172

Schröter, Philipp / Nowak, Michael:

Positionierung geschlossener Immobilienfonds

ISBN: 3-8334-3802-9

Bibliographische Information Der Deutschen Bibliothek: Die Deutsche Bibliothek verzeichnet diese Publikation in der Deutschen Nationalbibliographie; detaillierte bibliographische Daten sind im Internet über http://dnb.ddb.de abrufbar.

© 2005 by Philipp Schröter / Dr. Michael Nowak, Frankfurt am Main, Leipzig.

Das Werk ist urheberrechtlich geschützt. Alle Recht auch die der Übersetzung, des Nachdrucks und der Vervielfältigung – oder von Teilen daraus – sind vorbehalten. Kein Teil des Werkes darf ohne schriftliche Genehmigung in irgendeiner Form reproduziert oder unter Verwendung elektronischer Systeme verarbeitet werden.

Haftungsausschluss: Die Autoren sowie der Verlag übernehmen keine Haftung für Verluste, Schäden, Kosten und sonstige Aufwendungen, die Dritten auf Grund der Berufung auf diese Informationen entstehen oder für Fehler bzw. Ungenauigkeiten in diesem Werk.

Herstellung und Verlag: Books on Demand GmbH, Norderstedt

Covergestaltung: Alexander Burkart

Vorwort

„Positioning starts with a product. [...] But positioning is not what you do to a product. Positioning is what you do to the mind of the prospect. That is, you position the product in the mind of the prospect."[1]

Vor dem Hintergrund zunehmender Marktkonzentration, schwindender Steuervorteile und der Öffnung der Bankvertriebe gegenüber Fremdanbietern geschlossener Immobilienfonds sehen sich die Fondsinitiatoren einem steigenden Wettbewerb ausgesetzt. An einer klaren Positionierung der Produkte und des Initiators selbst scheint kein Weg vorbeizuführen. Erst mit einer konsistenten und unverwechselbaren Position im Wahrnehmungsraum der Kunden,[2] d.h. einer eindeutig differenzierten Stellung gegenüber den Wettbewerbern wird es möglich, den steigenden Marktkräften standzuhalten und innerhalb dieses Marktumfelds erfolgreich zu agieren.

Das klassische Konzept der Positionierung knüpft ausschließlich auf der operativen und im Speziellen der kommunikativen Ebene an. Die Marktgegebenheiten bedingen jedoch einen gedanklich-konzeptionellen Handlungsplan der Entscheidungsträger als Voraussetzung einer adäquaten Positionierung des Produktes.[3] Operative Maßnahmen folgen somit strategischen Handlungszielen.

Mit dieser Arbeit sollen Markttendenzen und daraus abgeleitet die Notwendigkeit einer Positionierung auf strategischer und operativer Ebene aufgezeigt werden. Zudem wird die Vorgehensweise für eine ganzheitliche Positionierung analysiert. Darauf aufbauend erfolgen die Darstellung von Strategiekonzepten der Positionierung und deren tatsächliche Ausprägung innerhalb des Wettbewerbs.

Philipp Schröter
Dr. Michael Nowak

---

[1] Ries/Trout, Positioning, 1986, S. 2.
[2] Vgl. Ries/Trout, Positioning, 1986, S. 2.
[3] Vgl. Becker, Positionierung, 1996, S. 14.

Inhaltsverzeichnis

Vorwort III

Inhaltsverzeichnis IV

Abbildungsverzeichnis VII

Tabellenverzeichnis VIII

Abkürzungsverzeichnis IX

1. Implikationen des Marktes für geschlossene Immobilienfonds 1
   1.1. Typologie der Initiatoren 1
      1.1.1. Institutionelle Verknüpfung 2
         1.1.1.1. Initiatoren mit Bankhintergrund 2
         1.1.1.2. Initiatoren ohne Bankhintergrund 3
      1.1.2. Vertriebsebenen für Beteiligungsmodelle 4
      1.1.3. Platzierungsvolumina 6
      1.1.4. Spezialisierung des Beteiligungsobjekts 9
         1.1.4.1. Geographische Diversifikation 10
             1.1.4.1.1. National 10
             1.1.4.1.2. International 10
         1.1.4.2. Nutzungstypische Konzentration 14
      1.1.5. Performancemodelle 16
         1.1.5.1. Steuerorientierung 16
             1.1.5.1.1. Steuersparmodelle 16
             1.1.5.1.2. Steuervermeidungsmodelle 20
         1.1.5.2. Renditeorientierung 22
   1.2. Typologie der Zeichner 25
      1.2.1. Soziodemographische Strukturen 25
         1.2.1.1. Soziale Stellung 25
         1.2.1.2. Geschlecht 27
         1.2.1.3. Alter 29

1.2.2. Anlageverhalten 31
    1.2.2.1. Zeichnungssumme 31
    1.2.2.2. Vermögensstruktur 32
    1.2.2.3. Motivation 33

2. Positionierung als unternehmerisches Konzept 35

2.1. Positionierung auf Ebene des Initiators 36
    2.1.1. Basisentscheidungen der Positionierung 37
    2.1.2. Schlüsselfaktoren der Positionierung 39
        2.1.2.1. Analytische Basis 39
            2.1.2.1.1. Abgrenzung der relevanten Märkte 39
            2.1.2.1.2. Rahmenbedingungen 40
        2.1.2.2. Key-Positioning-Factors 43
            2.1.2.2.1. Ebene des Wettbewerbs 47
            2.1.2.2.2. Interne Unternehmensanalyse 50
            2.1.2.2.3. Segmentierung der Nachfrageebene 52

2.2. Operative Umsetzung der Positionierungsstrategie 54
    2.2.1. Zonenmodell der Profilierung 54
    2.2.2. Instrumentelle Umsetzung der Profilierung 57
        2.2.2.1. Produktpolitik 57
        2.2.2.2. Preispolitik 59
        2.2.2.3. Distributionspolitik 61
        2.2.2.4. Kommunikationspolitik 63
    2.2.3. Rückwirkung der Profilierung auf die Unternehmenspositionierung .. 65

3. Marktimmanente Strategiekonzepte der Positionierung 66

3.1. Fondsgebundene Strategiekonzepte 66
    3.1.1. Quantitative Modelle 66
        3.1.1.1. Strategien der Diversifikation 66
            3.1.1.1.1. Standorttypische Diversifikation 66
            3.1.1.1.2. Nutzungsarttypische Diversifikation 69
        3.1.1.2. Volumenbasierte Strategie 71
        3.1.1.3. Strategieaspekte der Kostenstruktur 72
    3.1.2. Qualitative Modelle 73
        3.1.2.1. Strategie der Emotionalisierung 73
        3.1.2.2. Strategie der Innovation 74

3.2. Initiatorgebundene Strategiekonzepte 77
    3.2.1. Imagebasiertes Strategiekonzept 77
    3.2.2. Strategiekonzepte der Marktbearbeitung 80
        3.2.2.1. Spezialisierung 80
        3.2.2.2. Generalisierung 81
    3.2.3. Flankierende Strategieelemente 82
        3.2.3.1. Zweitmärkte 83
        3.2.3.2. Ansparmodelle 83
        3.2.3.3. Exitstrategien 84

4. Fazit **86**

Anhang .... **XII**

Abstract .... **XLVIII**

Quellenverzeichnis .... **L**

Kontakt .... **LXII**

Abbildungsverzeichnis

ABBILDUNG 1:	GESCHLOSSENE IMMOBILIENFONDS 2003	2
ABBILDUNG 2:	EIGENKAPITALVOLUMINA BEI GESCHLOSSENEN IMMOBILIENFONDS MIT UND OHNE BANKENHINTERGRUND	3
ABBILDUNG 3:	EIGENKAPITALVOLUMINA BEI US-IMMOBILIENFONDS MIT UND OHNE BANKENHINTERGRUND	4
ABBILDUNG 4:	VERTRIEBSEBENEN FÜR AUSGEWÄHLTE BETEILIGUNGSMODELLE 2004	5
ABBILDUNG 5:	PLATZIERUNGSVOLUMINA UND EIGENKAPITAL (IN MRD. EURO)	7
ABBILDUNG 6:	MARKTANTEILSENTWICKLUNG IM BETEILIGUNGSMARKT GEWICHTET AM EIGENKAPITALVOLUMEN	9
ABBILDUNG 7:	KUMULIERTE ENTWICKLUNG DER MARKTANTEILE BEI IMMOBILIENFONDS NACH GEOGRAPHIE	11
ABBILDUNG 8:	INVESTIERTES EIGENKAPITAL IM EUROPÄISCHEN AUSLAND IM JAHR 2004 (IN MIO. EURO)	12
ABBILDUNG 9:	PLATZIERUNGSERGEBNISSE BEI USA-IMMOBILIENFONDS (IN MIO. EURO)	12
ABBILDUNG 10:	VOLUMINA VON KANADA-IMMOBILIENFONDS (IN MIO. EURO)	13
ABBILDUNG 11:	HAUPTNUTZUNGSARTEN BEI GESCHLOSSENEN AUSLANDSIMMOBILIENFONDS	15
ABBILDUNG 12:	ENTWICKLUNG VON VERLUSTZUWEISUNG UND AUSSCHÜTTUNG IM ZEITRAUM 1998-2004 (BASISJAHR 1998)	22
ABBILDUNG 13:	VOR- UND NACHSTEUERBETRACHTUNG DER PROGNOSERENDITE FÜR AUSGEWÄHLTE BETEILIGUNGSMODELLE	24
ABBILDUNG 14:	ZEICHNER IM GESAMTMARKT DER BETEILIGUNGSMODELLE NACH ZEICHNUNGSVOLUMINA	26
ABBILDUNG 15:	ZEICHNER GESCHLOSSENER IMMOBILIENFONDS 2004	26
ABBILDUNG 16:	GESCHLECHT DER ZEICHNER GESCHLOSSENER FONDS	27
ABBILDUNG 17:	FRAUENANTEIL BEI AUSGEWÄHLTEN BETEILIGUNGSMODELLEN NACH ZEICHNERZAHLEN IM JAHR 2004	28
ABBILDUNG 18:	ALTERSGRUPPEN DER ZEICHNER GESCHLOSSENER IMMOBILIENFONDS	29
ABBILDUNG 19:	VERÄNDERUNG DER ALTERSGRUPPEN	30
ABBILDUNG 20:	DURCHSCHNITTLICHE ZEICHNUNGSSUMME IM ZEITVERLAUF (IN TSD. EURO)	32
ABBILDUNG 21:	THE KEY COMPONENTS OF MARKETING STRATEGY FORMULATION	36
ABBILDUNG 22:	TREND-MATRIX DER KEY-POSITIONING-FAKTOREN	49
ABBILDUNG 23:	MÖGLICHE MARKTSEGMENTE UND POSITIONIERUNGEN	52
ABBILDUNG 24:	ZONENMODELL DER PROFILIERUNG (AUSSCHNITT)	55
ABBILDUNG 25:	IMAGE UND POSITIONIERUNG	78

Tabellenverzeichnis

TABELLE 1:	VERTRIEBSWEGE FÜR BETEILIGUNGSMODELLE IM ZEITVERLAUF VON 1998-2004	6
TABELLE 2:	PLATZIERTES FONDSVOLUMEN GESCHLOSSENER IMMOBILIENFONDS IM ZEITVERLAUF VON 1998 BIS 2004	6
TABELLE 3:	PLATZIERUNGSERGEBNISSE DER GRÖSSTEN MARKTTEILNEHMER	7
TABELLE 4:	EIGENKAPITALVOLUMINA UND MARKTANTEILE AUSGEWÄHLTER BETEILIGUNGSMODELLE IM ZEITVERLAUF	8
TABELLE 5:	EIGEN- UND GESAMTVOLUMINA NACH GEOGRAPHISCHEN ANLAGEZIELEN IM ZEITVERLAUF	14
TABELLE 6:	NUTZUNGSARTEN VON OBJEKTEN GESCHLOSSENER IMMOBILIENFONDS IN DEUTSCHLAND	15
TABELLE 7:	ENTWICKLUNG DER VERLUSTZUWEISUNG IM ZEITRAUM 1998-2004	18
TABELLE 8:	NACHSTEUER-ERTRÄGE BEI GESCHLOSSENEN AUSLANDSIMMOBILIENFONDS	21
TABELLE 9:	NIVEAU UND ENTWICKLUNG DER AUSSCHÜTTUNG AUSGEWÄHLTER BETEILIGUNGSMODELLE	23
TABELLE 10:	TOTAL RETURN IPD PAN-EUROPEAN INDICES (LOCAL CURRENCIES)	23
TABELLE 11:	BERUFE DER FONDSZEICHNER IM ZEITVERLAUF VON 1998 BIS 2004	27
TABELLE 12:	ALTER DER ZEICHNER VON BETEILIGUNGSMODELLEN IM ZEITVERLAUF	29
TABELLE 13:	DURCHSCHNITTLICHE ZEICHNUNGSSUMMEN IM ZEITVERLAUF VON 1998 BIS 2004	31
TABELLE 14:	PHASENSYSTEM DER POSITIONIERUNG	35
TABELLE 15:	DETERMINANTEN DER UNTERNEHMENSMISSION	37
TABELLE 16:	BEISPIELHAFTE DARSTELLUNG VON POSITIONIERUNGSALTERNATIVEN UND KEY-POSITIONING-FAKTOREN	43
TABELLE 17:	ROLLENVERTEILUNG IM VERKAUFSPROZESS BEI GESCHLOSSENEN IMMOBILIENFONDS	44
TABELLE 18:	PRÄFERENZEN / KPF BEI INVESTMENTS IN GESCHLOSSENE IMMOBILIENFONDS	46
TABELLE 19:	ANALYSEFAKTOREN FÜR DIE ZUKÜNFTIGE POSITION VON WETTBEWERBERN	48
TABELLE 20:	BEZIEHUNGEN ZWISCHEN WERTAKTIVITÄTEN UND KPF BEI GESCHLOSSENEN IMMOBILIENFONDS	51
TABELLE 21:	BEISPIELHAFTE MASSNAHMEN IN DER PROFILIERUNGSZONE	56

Abkürzungsverzeichnis

arith.	arithmetisch
BMG	Bemessungsgrundlage
CD	Corporate Design
CI	Corporate Identity
CRM	Customer Relationship Management
DBA	Doppelbesteuerungsabkommen
EK	Eigenkapital
EStG	Einkommensteuergesetz
EUR	Euro
E-EStG	Entwurf Einkommensteuergesetz
FK	Fremdkapital
G-REIT	German-Real Estate Investment Trust
geom.	geometrisch
IRR	Internal Rate of Return
KPF	Key-Positioning-Faktor
MA	Musterabkommen
NST	nach Steuer
OECD	Organisation for Economic Co-operation and Development
PPP	Public Private Partnership
UG	Unternehmensgruppe
USD	US-Dollar
USP	Unique Selling Proposition
VST	vor Steuer

1. Implikationen des Marktes für geschlossene Immobilienfonds

Konzepte der Positionierung basieren auf der Betrachtung von Märkten. „Positioning strategy refers to the choice of target market segment which describes the customers a business will seek to serve and the choice of differential advantage which defines *how* it will compete with rivals in the segment."[4] Jede Positionierung sollte somit anhand der Kundenanforderungen und in Relation zu den Wettbewerbern im Markt erfolgen. Es ist daher zunächst notwendig die Gegebenheiten des Marktes geschlossener Immobilienfonds umfassend zu analysieren und entsprechende Entwicklungstendenzen aufzuzeigen. Diese Betrachtung soll auf der Ebene der Anbieter anhand von Marktaspekten wie Konzentration, Vertriebsstruktur und Performance analysiert werden. Zudem ist die Struktur der Nachfrage zu berücksichtigen.

1.1. Typologie der Initiatoren

Der Markt für Beteiligungsmodelle umfasste im Jahr 2004 ein platziertes Eigenkapital von 12,85 Mrd. Euro.[5] Davon entfielen auf geschlossene Immobilienfonds mit 5,25 Mrd. Euro fast 41%.[6] Mit diesem Anteil sind geschlossene Immobilienfonds die dominierende Sparte im Markt der Beteiligungsmodelle, gefolgt von Schiffs- und Medienfonds.[7]

Die Größe des Marktes für Immobilienbeteiligungsmodelle wird bei Betrachtung des kumulierten Platzierungskapitals noch deutlicher. Von den insgesamt 176 Initiatoren im Bereich der geschlossenen Immobilienfonds wurden bis zum 31.12.2004 über 5.000 Fonds mit einem Eigenkapitalvolumen inklusive Agio von 79,8 Mrd. Euro platziert. Unter Einbeziehung des Fremdkapitals investierten diese Fonds im Zeitverlauf bis Ende 2004 166 Mrd. Euro in Immobilien.[8] Bis 2003 lag das Gesamtvolumen noch bei 120 Mrd. Euro.[9] Die 800 bank- oder versicherungsgebundenen Fonds dominieren das Segment. Ihr Volumen umfasste bereits im Jahr 2003 ca. 50 Mrd. Euro (Abbildung 1).[10]

---

[4] Doyle, Marketing Management, 1983.
[5] Vgl. Loipfinger, Beteiligungsmodelle, 2005, Kapitel 1, S. 5.
[6] Vgl. Loipfinger, Beteiligungsmodelle, 2005, Kapitel 2, S. 9.
[7] Vgl. Loipfinger, Beteiligungsmodelle, 2005, Kapitel 9, S. 22 f.
[8] Vgl. Loipfinger, Beteiligungsmodelle, 2005, Kapitel 2, S. 63.
[9] Vgl. Bulwien, Immobilienmarkt, 2004, S. 33.
[10] Ebenda.

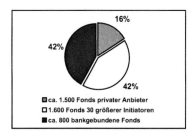

Abbildung 1: Geschlossene Immobilienfonds 2003 [11]

Der Markt für geschlossene Immobilienfonds lässt sich auf Initiatorebene hinsichtlich der institutionellen Struktur der Emittenten, der Vertriebsstruktur, der Platzierungsvolumina sowie der geographischen und nutzungsspezifischen Diversifikation differenzieren. Weiterhin ist es notwendig auf Aspekte der Marktkonzentration einzugehen. Im Folgenden soll die aktuelle Marktsituation anhand dieser Spezifika abgebildet werden, zudem werden entsprechende Entwicklungstendenzen dargestellt.

1.1.1. Institutionelle Verknüpfung

Hinsichtlich der institutionellen Verknüpfung spielt bei den Initiatoren geschlossener Immobilienfonds die Nähe zu Großbanken eine besondere Rolle. Banktochterunternehmen haben den entscheidenden Vorteil, dass sie auf den bestehenden Vertriebsstrukturen ihrer Mutterunternehmen aufbauen können. Produkte konnten in der Vergangenheit und können nach wie vor leichter platziert werden. Oftmals erfolgt die Fondskonzeption daher in Kooperation mit dem bzw. nach den Maßgaben des Bankhauses.

1.1.1.1. Initiatoren mit Bankhintergrund

Der Anteil der Initiatoren mit Bankhintergrund[12] erreichte, bezogen auf alle Beteiligungsmodelle und gemessen an der Anzahl der Emittenten, im Jahr 2004 ein Niveau von 18,95%.[13] Im Jahr 2003 platzierten die Initiatoren 39,9% und im Jahr 2004 46,3% des Eigenkapitalvolumens geschlossener Immobilienfonds.[14] Dagegen mussten bei Betrachtung des Gesamtmarktes (aller) Beteiligungsmo-

---

[11] In Anlehnung an Bulwien, Immobilienmarkt, 2004, S. 33.
[12] Von Initiatoren mit Bankhintergrund kann gesprochen werden, wenn ein Kreditinstitut am Initiator eine Mindestbeteiligung von 25% hält. Vgl. hierzu Schoeller/Witt (Hrsg.), Jahrbuch, 2004, S. 47.
[13] Vgl. Schoeller/Witt (Hrsg.), Jahrbuch 2004/2005, 2005, S. 56.
[14] Vgl. Loipfinger, Beteiligungsmodelle, 2004, Kapitel 1, S. 12.

delle im Jahr 2004 weitere Marktanteile abgegeben werden. Der Marktanteil sank von 34,2% (2003) auf 33,4% (2004). Im Vergleich dazu lag das Platzierungsvolumen der banknahen Initiatoren im Jahr 2002 noch bei 43,3%.[15] In Anbetracht der steigenden Gewichtung der Banken auf der Vertriebsebene lässt sich diese Entwicklung mit dem seitens der Banken gelebten „Best-Advice"-Prinzip und der steigenden Open Architecture-Quote, d.h. der Öffnung der Bankvertriebe gegenüber Drittanbietern, begründen. Viele Großbanken vertreiben neben den „hauseigenen" Produkten in steigendem Maße Fremdprodukte. Damit lässt sich der Kundennutzen, die Kundenbindung und letztlich der Eigennutzen der Banken maximieren. Bei den privaten Geschäftsbanken beträgt der Anteil fremder Fonds, bezogen auf alle Beteiligungsmodelle, bereits 75%, bei den Sparkassen 40%.[16] Aufgrund eines nur gering diversifizierten Distributionsnetzes (kaum Kooperation mit Fremd- / Drittvertrieben), erhöht der Trend zur Offenen Architektur den Druck auf die Tochterunternehmen.

1.1.1.2. Initiatoren ohne Bankhintergrund

Die bankunabhängigen Fondsinitiatoren platzierten im Jahr 2004 53,7% des Eigenkapitals am Markt geschlossener Immobilienfonds. Gegenüber dem Vorjahr war dies ein Rückgang um fast 6,5% (Abbildung 2).[17]

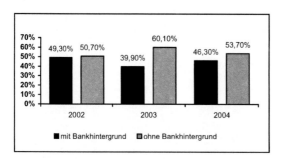

Abbildung 2: Eigenkapitalvolumina bei geschlossenen Immobilienfonds mit und ohne Bankenhintergrund

Bei den USA-Immobilienfonds dominieren Initiatoren ohne Bankhintergrund noch deutlicher. Ihr Anteil stieg in den letzten Jahren von 47,8% auf 78,8% (Abbildung 3).[18] Ein Erklärungsansatz für diesen Trend lässt sich aus der Histo-

---

[15] Vgl. Loipfinger, Beteiligungsmodelle, 2005, Kapitel 1, S. 4.
[16] Vgl. Mihm, Vertriebskraft, 2005, S. 30.
[17] Vgl. Loipfinger, Beteiligungsmodelle, 2005, Kapitel 2, S. 64.
[18] Vgl. Loipfinger, Beteiligungsmodelle, 2005, Kapitel 2, S. 65.

rie ableiten. Bereits in der Vergangenheit haben sich freie Initiatoren auf dem Gebiet der Auslandsinvestments und vor allem im interkontinentalen Bereich spezialisiert. Mit dem Markttrend zu Beteiligungsmodellen außerhalb Deutschlands konnten diese Initiatoren die vorhandenen Erfahrungen in der Konzeption sowie ihre Marktkenntnis nutzen und deutlich Marktanteile zugewinnen. Beispielhaft sind in diesem Zusammenhang die Nordamerika-Spezialisten Jamestown, US-Treuhand und MPC zu nennen.

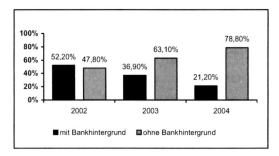

Abbildung 3: Eigenkapitalvolumina bei US-Immobilienfonds mit und ohne Bankenhintergrund

1.1.2. Vertriebsebenen für Beteiligungsmodelle

Geschlossene Immobilienfonds werden maßgeblich über Banken und Sparkassen vertrieben. Im Jahr 2004 wurden über die Kreditinstitute 65,8% des Zeichnungsvolumens platziert. In der Hierarchie der Vertriebswege folgen freie Finanzdienstleister mit 21,1%, Direktverkäufe mit 8% und freie Großvertriebe mit 3,7% des Zeichnungsvolumens.[19]

Die Vormachtstellung der Bankvertriebe bezieht sich vor allem auf die Produktgattung der Immobilienfonds. Bei anderen Beteiligungsmodellen dominieren die Vertriebsstufe der freien Finanzdienstleister und der Direktvertrieb der Initiatoren.[20]

Es ist davon auszugehen, dass die Kreditinstitute ihre Vormachtstellung im Vertrieb von Immobilienfonds sowie im Gesamtbereich der Beteiligungsmodelle zu Lasten der Vertriebsstufe der freien Finanzvermittler weiter ausbauen werden.

---

[19] Vgl. Loipfinger, Beteiligungsmodelle, 2005, Kapitel 11, S. 37.
[20] Vgl. Loipfinger, Beteiligungsmodelle, 2005, Kapitel 1, S. 4 f.

Typologie der Initiatoren

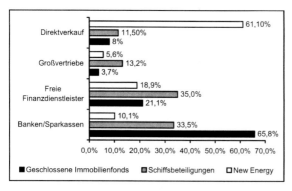

Abbildung 4: Vertriebsebenen für ausgewählte Beteiligungsmodelle 2004

Dies lässt sich vor allem durch das deutlich höhere Absatzpotential erklären. Im Vergleich zu den Strukturvertrieben können die Kreditinstitute auf ein Vielfaches an Kundenbeziehungen aufbauen. Dies betrifft vor allem die für Beteiligungsmodelle relevanten Bereiche Private Banking und Vermögende Privatkunden. Hinzu kommt die zunehmende Popularisierung von Geschlossenen Fonds als Assetklasse. Durch diese Faktoren kann das Wachstum der Kreditinstitute als Vertriebsstufe als nachhaltiger Trend angesehen werden.[21] Gründe für die zunehmende Etablierung der Fonds sind auch auf der Profitebene der Kreditinstitute zu finden. Durch sinkende Wertpapierpositionen aufgrund einer nachhaltigen Verunsicherung und der daraus resultierenden Inaktivität der Anleger setzen die Banken verstärkt auf den Vertrieb geschlossener Beteiligungsmodelle zur Stabilisierung ihrer Provisions- und Verwaltungserträge. Auch durch den Trend zur Ausrichtung der Beratung an den Grundsätzen der Asset Allocation werden verstärkt geschlossene Fonds distribuiert. Sie dienen in diesem Zusammenhang als Instrument der Risikodiversifikation. Diese Faktoren in Verbindung mit der bestehenden Vertriebsstärke der Kreditinstitute führen im gehobenen Kundensegment zu einer Steigerung des Absatzvolumens. Private Geschäftsbanken rechnen künftig mit Steigerungsraten von 20-25%, Volks- und Raiffeisenbanken erwarten 25-30% und Sparkassen gehen sogar von einem zukünftigen Absatz-Plus von 30-35% aus.[22] Offene Architektur führt auf der Vertriebsebene der Beteiligungsmodelle somit zu tendenziell großteiligeren und produktunabhängigeren Vertriebsstrukturen.[23]

---

[21] Vgl. Mihm, Vertriebskraft, 2005, S. 30.
[22] Vgl. Mihm, Vertriebskraft, 2005, S. 31 f.
[23] Vgl. Betz, Präsentation, 2004, S. 30.

Vertriebsstufe	Platzierungsergebnisse im Markt der Beteiligungsmodelle gewichtet nach Zeichnungsvolumen							Gesamtentwicklung von 1998-2004	
	1998	1999	2000	2001	2002	2003	2004	Absolut (in %-Pkt.)	Relativ* (in %)
Banken/Sparkassen	48,0%	43,6%	44,3%	42,6%	41,7%	56,2%	57,3%	9,3	19,4
Versicherungen	0,1%	0,5%	0,3%	0,1%	0,1%	0,1%	0,4%	0,3	300,0
Bausparkassen	0,1%	0,1%	0,0%	0,0%	0,0%	0,0%	0,3%	0,2	200,0
Freie Großvertriebe	19,5%	18,9%	12,4%	16,7%	17,0%	13,1%	8,6%	-10,9	-55,9
Freie Finanzdienstleister	30,6%	33,2%	38,8%	36,3%	33,9%	27,1%	23,8%	-6,8	-22,2
Direktverkauf	1,7%	3,1%	4,2%	4%	6,5%	3%	7,3%	5,6	329,4
Sonstige	0,0%	0,7%	0,0%	0,3%	0,8%	0,5%	2,3%	2,3	328,6**

* Basisjahr 1998 (** Basisjahr 1999)

Tabelle 1: Vertriebswege für Beteiligungsmodelle im Zeitverlauf von 1998-2004

1.1.3. Platzierungsvolumina

Im Jahr 2004 haben die Initiatoren geschlossener Immobilienfonds ein Eigenkapitalvolumen von 5,25 Mrd. Euro und ein Gesamtfondsvolumen von 11,41 Mrd. Euro realisiert. Gegenüber dem Vorjahr bedeutet dies einen Anstieg des platzierten Gesamtkapitals sowie des eingeworbenen Eigenkapitals um mehr als 10%.[24] Im Gesamtzeitverlauf seit 1998 haben geschlossene Immobilienfonds im Markt der Beteiligungsmodelle jedoch Marktanteile verloren.[25] Dies betrifft vor allem die Inlandsfonds, während die europäischen und die Übersee-Investments deutlich zulegen konnten.[26]

Fondsgattung	Fondsvolumen (in Mrd. EUR)				Veränderung von 1998-2004	
	1998	2000	2002	2004	Absolut (in Mrd. EUR)	Relativ* (in %)
Geschl. Immobilienfonds	13,37	9,74	10,34	11,41	-1,96	-14,7
Deutschland-Immobilienfonds	10,82	6,41	4,82	5,05	-5,77	-53,3
Holland-Immobilienfonds	0,87	0,83	0,88	1,07	0,20	23,0
Österreich-Immobilienfonds	0,00	0,02	0,2	0,61	0,61	/
US-Immobilienfonds	1,58	2,13	4,15	2,65	1,07	67,7
Sonst. Auslandsimmobilienfonds	0,10	0,35	0,29	2,03	1,93	1930.0
Alle Beteiligungsmodelle	26,03	20,94	19,54	25,26	-0,77	-2,9

* Basisjahr 1998

Tabelle 2: Platziertes Fondsvolumen geschlossener Immobilienfonds im Zeitverlauf von 1998 bis 2004 [27]

---

[24] Vgl. Loipfinger, Beteiligungsmodelle, 2004, Kapitel 9, S. 22.
[25] Vgl. Loipfinger, Beteiligungsmodelle, 2005, Kapitel 9, S. 22 f.
[26] Siehe dazu Kapitel 1.1.4. , S. 9 ff.
[27] Vgl. Loipfinger, Beteiligungsmodelle, 2005, Kapitel 9, S. 22 f.

Typologie der Initiatoren 7

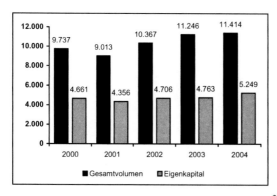

Abbildung 5: Platzierungsvolumina und Eigenkapital (in Mrd. Euro) [28]

Gemessen am Fondsvolumen war im Jahr 2004 die Hamburger MPC-Gruppe der größte Anbieter am Markt für geschlossene Immobilienfonds. Das Unternehmen hat 1,01 Mrd. Euro platziert. Von den Anlegern wurden 459 Mio. Euro Eigenkapital gezeichnet. MPC folgen gemessen am platzierten Eigenkapital die Anbieter Jamestown Management, GENO Asset Finance, ALCAS/KGA und das Bankhaus Wölbern. Bezogen auf das gezeichnete Eigenkapital erreichen die 10 größten Marktteilnehmer einen Anteil von über 52%.[29] Im Jahr 2003 lag ihr Marktanteil noch unter 50%.

Initiator	Fondsvolumen 2004 (in Mio. €)	Eigenkapital (EK) 2004 (in Mio. €)	Kumuliertes EK (in Mio. €)	Kumuliertes EK (in %)
MPC	1.010,7	458,9	458,9	8,74
Jamestown	877,4	376,1	835	15,91
GENO Asset Finance	713,8	355,5	1.190,5	22,68
ALCAS/KGAL	809,3	301,0	1.491,5	28,41
Bankhaus Wölbern	540,7	258,0	1.749,5	33,33
KanAm	528,5	237,1	1.986,6	37,85
DB Real Estate	413,9	223,1	2.209,7	42,10
REAL I.S.	361,7	181,4	2.391,1	45,55
H.F.S.	339,2	171,1	2.562,2	48,81
Debis	435,8	169,9	2.732,1	52,05
GESAMT	11.414,0	5.249,0		

Tabelle 3: Platzierungsergebnisse der größten Marktteilnehmer [30]

---

[28] Vgl. Loipfinger, Beteiligungsmodelle, 2005, Kapitel 2, S. 9.
[29] Vgl. Loipfinger, Beteiligungsmodelle, 2005, Kapitel 2, S. 2 ff.
[30] Vgl. Loipfinger, Beteiligungsmodelle, 2005, Kapitel 2, S. 2.

Diese Entwicklung deutet auf einen fortschreitenden Konzentrationsprozess unter den Anbietern für Beteiligungsmodelle insgesamt und insbesondere im Teilmarkt für geschlossene Immobilienfonds hin.[31] 1998 verbuchten zehn Prozent der Anbieter im Markt der Beteiligungsmodelle 57,1% des Umsatzes, 2003 waren es bereits 64%. Im Jahr 2004 haben die größten 30 Anbieter 67,4% des gesamten Anlegerkapitals eingeworben. Im Immobilienbereich entfallen allein auf die Top 10 im Jahr 2004 über 52% des gesamten Eigenkapitals.[32] Die Anbieterkonzentration wird auch bei Betrachtung des Bestandes ersichtlich. 42% des kumulierten Fondsvolumens von 120 Mrd. Euro waren im Jahr 2003 an gerade einmal 30 größere Initiatoren gebunden.[33]

Dieser Konzentrationseffekt wird durch die Kapitalallokation zu anderen Beteiligungsmodellen mit einer höheren steuerlichen Attraktivität in Form größerer Verlustzuweisungen verstärkt. Der Markt für geschlossene Immobilienfonds, vor allem mit dem geographischen Anlageziel Deutschland schrumpft.

Fondsgattung	Eigenkapital (in Mrd. EUR)							Veränderung der Marktanteile 1998-2004	
	1998	1999	2000	2001	2002	2003	2004	Kumuliert (in %-Pkt.)	Relativ* (in %)
Geschl. Immobilienfonds	6,36	6,10	4,66	4,36	4,69	4,76	5,25	-8,95	-17,97
Deutschland-Immobilienfonds	5,03	3,76	3,04	2,03	1,98	2,31	2,21	-22,19	-56,34
Holland-Immobilienfonds	0,47	0,59	0,37	0,45	0,37	0,31	0,50	0,21	5,72
Österreich-Immobilienfonds	/	0,04	0,01	0,10	0,10	0,35	0,34	2,65	693,23 [1)]
US-Immobilienfonds	0,78	1,56	1,07	1,47	2,07	1,56	1,17	3,00	49,07
Sonst. Auslandsimmobilienfonds	0,08	0,15	0,17	0,31	0,17	0,23	1,03	7,39	1.179,48
Lebensversicherungsfonds	/	/	/	/	0,08	0,34	1,21	9,42	1.062,87 [2)]
Schiffsbeteiligungen	1,48	1,26	1,48	1,49	1,47	2,33	2,91	11,06	95,40
Medienfonds	0,88	1,16	2,11	2,05	1,62	1,76	1,50	4,78	69,39
New Energy Fonds	0,26	0,20	0,35	0,41	0,43	0,34	0,26	-0,01	-0,62
Leasingfonds	3,71	1,59	1,83	0,55	0,44	0,26	0,33	-26,48	-96,16
Gesamtmarkt	**12,77**	**10,48**	**11,10**	**9,12**	**9,03**	**10,38**	**12,85**		

* Basisjahr 1998; [1)] Basisjahr 1999; [2)] Basisjahr 2002

Tabelle 4: Eigenkapitalvolumina und Marktanteile ausgewählter Beteiligungsmodelle im Zeitverlauf

Zwischen 1998 und 2004 haben die in Deutschland investierenden geschlossenen Immobilienfonds bezogen auf das Eigenkapital über 50% ihres Anteils im

---

[31] Vgl. Raeke/Schramm, Geschlossene Fonds, 2005, S. 34.
[32] Vgl. Loipfinger, Beteiligungsmodelle, 2005, Kapitel 2, S. 2 ff.
[33] Vgl. Bulwien, Immobilienmarkt, 2004, S. 33.

Markt der Beteiligungsmodelle verloren.[34] Für die Produktgattung der geschlossenen Immobilienfonds insgesamt entspricht das im gleichen Zeitraum einem Rückgang des Marktanteils von ca. 18% (Tabelle 4).

Gewachsen sind im Immobilienfondsbereich lediglich die Auslandsmärkte. Ihr Marktanteil stieg von 9,60% (1998) auf 23,66% (2004). Vor allem Beteiligungsmodelle wie Medien-, Schiffs- und in den letzten Jahren vor allem Lebensversicherungsfonds haben im Betrachtungszeitraum signifikante Zuwächse ihrer Marktanteile erreichen können.[35]

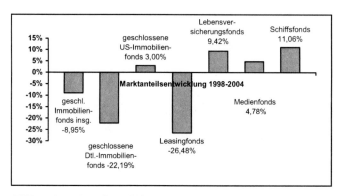

Abbildung 6: Marktanteilsentwicklung im Beteiligungsmarkt gewichtet am Eigenkapitalvolumen

Ein weiterer Konzentrationsprozess zeichnet sich mittel- bis langfristig dadurch ab, dass sich auf der Nachfragerseite Bauträger, Makler und Steuerberater teilweise aus dem Marktgeschehen zurückziehen bzw. dies bereits getan haben. Diese Nachfragergruppen hatten die steuerlichen Vorteile in den vergangenen Jahren als Mitnahmeeffekt in ihrer betrieblichen Strategieplanung genutzt.[36] Dem zunehmenden Wegfall steuerlicher Privilegien folgt somit der Exit aus dem Markt.

1.1.4. Spezialisierung des Beteiligungsobjekts

Geschlossene Immobilienfonds sind hinsichtlich ihres geographischen Anlagezieles sowie der avisierten Nutzungsart ihrer Objekte zu differenzieren.

---

[34] Vgl. Loipfinger, Beteiligungsmodelle, 2005, Kapitel 9, S. 22 f.
[35] Loipfinger, Beteiligungsmodelle, 2005, Kapitel 9, S. 22 f.
[36] Vgl. Bulwien, Immobilienmarkt, 2004, S. 36.

1.1.4.1. Geographische Diversifikation

Grundlegend lassen sich die Anlageobjekte geschlossener Immobilienfonds in nationale, kontinentale (europäische) und interkontinentale (z.b. USA und Kanada) Investments klassifizieren. Mit der geographisch diversifizierten Anlage gehen zu differenzierende Systematiken der Besteuerung und Aspekte der Rentabilität einher, die unter dem Punkt Performance gesondert analysiert werden.[37] Nachfolgend wird das in den jeweiligen geographischen Teilmärkten investierte Kapital betrachtet.

1.1.4.1.1. National

National-orientierte geschlossene Immobilienfonds investieren ausschließlich in Objekte in Deutschland. Der Marktanteil der in Deutschland investierenden Immobilienfonds bezogen auf das Eigenkapitalvolumen lag im Jahr 2004 bei 42,12%. In den Jahren 2000 bis 2004 haben diese Investments gemessen am Eigenkapital über 23% ihres Marktanteils im Markt für Beteiligungsmodelle verloren. Insgesamt wurden in Deutschland 2004 2,21 Mrd. Euro Anlegerkapital investiert.[38] Diese Entwicklung ist vor allem in Anbetracht der steuerlich ungleich höheren Attraktivität ausländischer Investments nicht überraschend.[39]

1.1.4.1.2. International

Gemessen am Gesamtmarktvolumen für Beteiligungsmodelle konnten die im Ausland investierenden geschlossenen Immobilienfonds im Gegensatz zu den deutschen Vertretern im Jahr 2004 an Marktanteil zulegen. Dies betrifft vor allem die europäischen Investments. Ihr Marktanteil gemessen am Eigenkapital erhöhte sich im Vergleich zum Vorjahr um 13,72%, während die Übersee-Investments mit einem Minus von 7,74% Marktanteile abgeben mussten.[40]

Bei Betrachtung der Marktanteile im Bereich der Immobilienfonds haben die im Ausland investierenden Fonds ihren Anteil im Zeitverlauf zwischen 2000 und 2004 um 23,2% ausgebaut (Abbildung 7). Erklärbar ist dieser Trend im Wesentlichen durch Performance- und steuerrechtliche Aspekte.[41] Zudem bieten Aus-

---

[37] Siehe dazu Kapitel 1.1.5., S. 16 ff.
[38] Vgl. Loipfinger, Beteiligungsmodelle, 2005, Kapitel 2, S. 9.
[39] Siehe dazu Kapitel 1.1.5.1., S. 16 ff.
[40] Vgl. Loipfinger, Beteiligungsmodelle, 2005, Kapitel 2, S. 17 ff.
[41] Siehe dazu Kapitel 1.1.5.1.2., S. 16 ff.

landsinvestments insbesondere die Möglichkeit zur Risiko- und Währungsdiversifikation.[42]

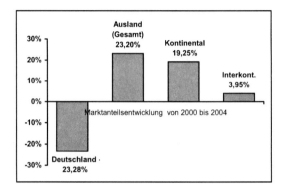

Abbildung 7: Kumulierte Entwicklung der Marktanteile bei Immobilienfonds nach Geographie [43]

In Europa haben geschlossene Immobilienfonds im Jahr 2004 3,10 Mrd. Euro mit einem EK-Volumen von 1,58 Mrd. Euro investiert. Europäische Investments erreichen unter den geschlossenen Immobilienfonds damit einen Marktanteil von 30% (Basis platziertes Eigenkapital).[44] Unter den europäischen Beteiligungsmodellen spielen besonders Investments in den Niederlanden und Österreich eine Rolle. In den Niederlanden wurden im Jahr 2004 1,07 Mrd. Euro, davon 497 Mio. Eigenkapital, platziert. Auf dem österreichischen Immobilienmarkt wurden im gleichen Jahr 608 Mio. Euro, davon 340 Mio. Eigenkapital, investiert (Abbildung 8).[45] Damit entfallen auf diese beiden Länder im Bereich der geschlossenen Immobilienfonds insgesamt ca. 16% des im Jahr 2004 platzierten Eigenkapitals.

---

[42] Vgl. Boutonnet/Loipfinger, Auslandsfonds, 2004, S. 5.
[43] Die Werte basieren auf der Betrachtung des Eigenkapitals.
[44] Vgl. Loipfinger, Beteiligungsmodelle, 2005, Kapitel 2, S. 19 ff.
[45] Vgl. Loipfinger, Beteiligungsmodelle, 2005, Kapitel 9, S. 22.

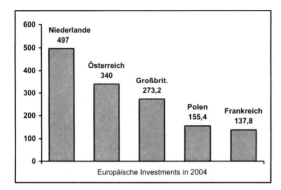

Abbildung 8: Investiertes Eigenkapital im europäischen Ausland im Jahr 2004 (in Mio. Euro)

In Eigenkapitalvolumina nachgeordnet folgen im Betrachtungsjahr Investments in Großbritannien, Polen, Frankreich und Luxemburg.[46] Bei den interkontinental ausgerichteten Fonds sind vor allem die USA als Investitionsziel von herausragender Bedeutung.[47] Allein im Jahr 2004 wurden US-Fonds mit einem Eigenkapital von 1,17 Mrd. Euro platziert. Das investierte Gesamtkapital betrug 2,65 Mrd. Euro.[48] Dies ist zwar ein Rückgang im Vergleich zu den Ergebnissen der Jahre 2002 und 2003. Dennoch erreichen die US-Investments mit 22% des platzierten Eigenkapitalvolumens der geschlossenen Immobilienfonds insgesamt einen maßgeblichen Anteil.[49]

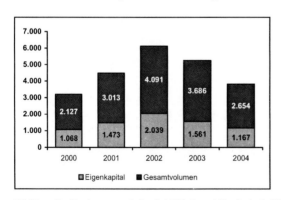

Abbildung 9: Platzierungsergebnisse bei USA-Immobilienfonds (in Mio. Euro)

---

[46] Vgl. Loipfinger, Beteiligungsmodelle, 2005, Kapitel 2, S. 19 ff.
[47] Vgl. Boutonnet/Loipfinger, Geschlossene Immobilienfonds, 2004, S. 24.
[48] Vgl. Loipfinger, Beteiligungsmodelle, 2005, Kapitel 2, S. 18.
[49] Ebenda.

Der rückläufige Trend bei Investments in den US-Immobilienmarkt lässt sich durch Verknappung des Immobilienangebots und damit einhergehend hohe Kaufpreise erklären.[50] Dies wird zudem dadurch forciert, dass der enorme Kapitalzufluss bei den offenen Immobilienfonds diese zu Konkurrenten im Wettbewerb um die besten Immobilien in diesen Märkten gemacht hat.[51] Die Marktentwicklung kommt somit der seit Jahren befürchteten Überhitzung der etablierten Märkte wie dem US-Immobilienmarkt nach. Aufgrund dieser Situation bemühen sich die Emittenten geschlossener Immobilienfonds neue, vergleichbare Märkte zu erschließen. Beispielhaft ist die wachsende Bedeutung des kanadischen Immobilienmarktes als Investitionsziel. 2004 wurden über 490 Mio. Euro, davon 240 Mio. Euro Eigenkapital, investiert. Im Vergleich zum Vorjahr entspricht das einer Verdoppelung des Marktanteils gemessen am platzierten Eigenkapital.

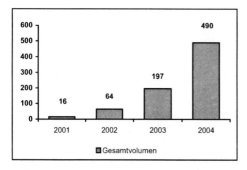

Abbildung 10: Volumina von Kanada-Immobilienfonds (in Mio. Euro)

Die hohe Konzentration der Nachfrage nach Immobilien in den USA[52] sowie die damit verbundene Suche nach Objekten in vergleichbaren Märkten lassen darauf schließen, dass die Bedeutung von Kanada-Fonds noch weiter ansteigen wird. Dabei sprechen neben Performanceaspekten vor allem das günstige Preisgefüge sowie die guten ökonomischen Rahmenbedingungen für Kanada als Investitionsstandort.[53]

---

[50] Vgl. Heidrich/Wiegand, Markttrends, 2004, S. 11 f.
[51] Vgl. Pelikan, Beteiligungs-Kompass, 2004, S. 69.
[52] Ebenda.
[53] Vgl. o.V., Innovative Kapitalanlagen, 2004, S. 9; o.V., Kanada, 2005, S. 13 f.

	Eigenkapital und Gesamtkapital im Zeitverlauf (in Mio. EUR)									
	2000		2001		2002		2003		2004	
Anlageziel	EK	GK	EK	GK	EK	GK	EK	GK	EK	GK
Deutschland*	3.048,5	6.417,6	2.032,1	4.279,0	1.996,4	4.841,9	2.306,1	5.643,9	2.210,8	5053,0
Kontinental*	502,9	1.109,6	790,9	1.603,0	616,4	1.333,7	777,3	1.660,4	1.576,8	3.103,6
Holland*	367,6	831,0	445,1	972,5	399,8	943,0	308,0	636,9	497,0	1.071,5
Österreich*	15,1	29,5	118,6	218,3	123,0	231,3	353,6	798,0	340,6	607,7
Großbritannien	22,5	43,6	3,9	7,8	2,6	5,2	0,4	0,8	273,2	578,7
Polen	-	-	0	0	24,5	47,4	26,8	51,8	155,7	262,1
Frankreich	-	-	106,5	175,2	32,9	40,4	23,2	39,3	137,8	256,6
Luxemburg	-	-	-	-	-	-	-	-	85,7	196,7
Interkontinental*	1.069,9	2.128,6	1.483,3	3.030,7	2.074,0	4.156,4	1.649,8	3.882,6	1.411,9	3.149,3
USA*	1.068,4	2.127,1	1.473,1	3.013,0	2.039,4	4.091,3	1.561,2	3.685,9	1.166,6	2.654,2
Kanada	-	-	8,4	15,9	33,6	64,1	88,6	196,7	240,3	490,1

* Werte inklusive Dunkelziffer

Tabelle 5: Eigen- und Gesamtvolumina nach geographischen Anlagezielen im Zeitverlauf [54]

1.1.4.2. Nutzungstypische Konzentration

Geschlossene Immobilienfonds investieren überwiegend in Gewerbe- und Büroimmobilien. Im Jahr 2004 wurden 49,2% des Anlagevolumens der deutschen Fonds in Büroimmobilien investiert.[55] Bei den geschlossenen Auslands-Immobilienfonds lag dieser Anteil sogar bei 71,9%.

Hinsichtlich der Nutzungsarten wird im Zeitverlauf deutlich, dass die Büro-Quote in Deutschland seit 1999 zunächst stark angestiegen ist. Dieser Anstieg um fast 23% erfolgte vor allem zu Lasten der Nutzungsarten „Wohnen", „Handel" und „Hotel". Besonders drastisch hatte sich hierbei der Anteil von Wohnimmobilien am Gesamtvolumen von über 20% Ende der 90er Jahre auf 5% im Jahr 2003 reduziert. Diese Trendentwicklung scheint inzwischen rückläufig. Hohe Leerstandsraten an den etablierten Standorten haben dazu geführt, dass der Büro-Anteil im Jahr 2004 um über 10% zurückgegangen ist. Gleichzeitig haben die Initiatoren wieder verstärkt auf die Nutzungsarten Wohnen und Einkaufszentren gesetzt. Der Anteil des Investitionsvolumens insgesamt ist für diese Nutzungsarten auf 15,5% bzw. 14,8% gestiegen. Tabelle 6 verdeutlicht diesen Zusammenhang anhand der Volumenanteile für die in Deutschland investierenden Fonds.

---

[54] Vgl. Loipfinger, Beteiligungsmodelle, 2005, Kapitel 2, S. 16 ff.
[55] Vgl. Loipfinger, Beteiligungsmodelle, 2005, Kapitel 2, S. 57.

Nutzungsart	1999	2000	2001	2002	2003	2004
Büro	26,4 %	37,4 %	51,4 %	69,1 %	61,3 %	49,2 %
Wohnen	24,3 %	18,3 %	12,5 %	4,1 %	5,0 %	15,5 %
Ladenflächen	14,0 %	18,0 %	9,9 %	2,0 %	4,9 %	3,7 %
Einkaufszentren	11,4 %	5,4 %	7,5 %	12,5 %	7,8 %	14,8 %
Hotel	7,9 %	6,2 %	6,2 %	8,0 %	6,8 %	6,3 %
Sonstige	16,0 %	14,7 %	12,5 %	4,3 %	14,2 %	6,1 %

Tabelle 6: Nutzungsarten von Objekten geschlossener Immobilienfonds in Deutschland [56]

Die wieder zunehmende Tendenz im Bereich der Wohnimmobilien könnte sich in den nächsten Jahren fortsetzen. Neben den bislang aktiven Nischeninitiatoren planen nun auch große Emittenten Investitionen in diesem Segment.[57] Die Strategie besteht z.B. darin, sanierungsbedürftige Wohnungspakete von öffentlichen, genossenschaftlichen und privaten (insb. non property) Bestandshaltern aufzukaufen, um diese schnellstmöglich zu revitalisieren und wieder zu veräußern. Aufgrund günstiger Kaufpreise sind in diesem Segment Renditen zwischen 6% und 8% vorstellbar.[58] Einzelne Initiatoren halten sogar Anfangsausschüttungen von 9% p.a. für möglich.[59] Damit sind Wohnimmobilien gegenüber den klassischen Investments in Büroimmobilien durchaus konkurrenzfähig.

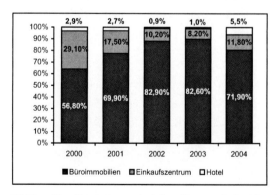

Abbildung 11: Hauptnutzungsarten bei geschlossenen Auslandsimmobilienfonds

---

[56] Vgl. Loipfinger, Beteiligungsmodelle, 2005, Kapitel 2, S. 57.
[57] Vgl. o.V., Immobilientrends, 2005, S. 6; Hönighaus, Wohnungsmarkt, 2005, S. 2 sowie o.V., Investmentmarkt, 2005, S. 5.
[58] Vgl. o.V., Fondslandschaften, 2005, S. 3.
[59] Vgl. German Real Estate Opportunities (Hrsg.), DWF 1, 2005, S. 11.

Bei den Auslandsfonds dominieren neben Büroimmobilien Investments in Einkaufszentren. Im Jahr 2004 ist der Büroanteil aber auch in diesen Märkten vor allem zugunsten der Nutzungsarten Einkaufszentrum und Hotel zurückgegangen. Andere Nutzungskategorien spielen im Ausland aufgrund marginaler Volumina nur eine untergeordnete Rolle.[60]

Bei Betrachtung der verschiedenen Nutzungsarten wird deutlich, dass Büroimmobilien ihre Alleinstellung unter den Investmentobjekten verloren haben. Aufgrund zunehmender Marktsättigung und daraus resultierenden Konzentrationseffekten werden in Zukunft vor allem Nischenprodukte und anspruchsvolle Gebäudetypen an Bedeutung gewinnen. Dies betrifft vor allem die nichtinstitutionellen Initiatoren auf dem deutschen Markt.[61]

1.1.5. Performancemodelle

Die Performancemodelle geschlossener Immobilienfonds sind hinsichtlich ihrer Steuer- und Renditeorientierung zu unterscheiden. Während bei Auslandsfonds die steuerliche Konzeption nach wie vor eine herausragende Rolle spielt, wird bei inländischen Fonds zunehmend die Rendite als Anlagekalkül forciert.

1.1.5.1. Steuerorientierung

Im Bereich der Steuerorientierung ist zwischen Steuerspar- und Steuervermeidungsmodellen zu differenzieren. In der Vergangenheit waren vor allem inländische Immobilienfonds als Steuersparmodelle mit hohen Anlaufverlusten konzipiert. Ausländische Konstruktionen waren und sind nach wie vor mittels vorhandener Doppelbesteuerungsabkommen durch die Möglichkeit der Steuervermeidung charakterisiert.

1.1.5.1.1. Steuersparmodelle

Bis in die 1990er Jahre galten geschlossene Immobilienfonds noch als Steuersparvehikel. Durch die Sonderabschreibung-Ost nach dem Fördergebietsgesetz konnten bei Investitionen in Objekte in den neuen Bundesländern hohe Anlaufverluste geltend gemacht werden. Der Steuerspareffekt resultierte daraus, dass die Anleger diese Verluste aus der Einkunftsart Vermietung und Verpachtung mit Gewinnen bzw. Überschüssen aus anderen Einkunftsarten verrechnen konn-

---

[60] Vgl. Loipfinger, Beteiligungsmodelle, 2005, Kapitel 2, S. 58.
[61] Vgl. Bulwien, Immobilienmarkt, 2004, S. 36.

ten.[62] Diese steuerliche Gestaltungsmöglichkeit ist durch den Gesetzgeber mit dem 01.01.1999 abgeschafft worden.[63]

Weitere maßgebliche Steuersparmöglichkeiten ergaben sich in der Vergangenheit durch Absetzen der Werbungskosten. Auch daraus folgten regelmäßig hohe Anlaufverluste und die Möglichkeit der Verrechnung mit anderen positiven Einkünften. Dies ist nach dem 5. Bauherrenerlass vom 20.10.2003 nun nur noch eingeschränkt möglich.[64] In dem Erlass wird zwischen Hersteller- und Erwerbereigenschaft unterschieden. Anleger sind danach Bauherren, wenn sie auf eigene Rechnung und Gefahr ein Gebäude bauen oder bauen lassen und das Baugeschehen beherrschen, d.h. rechtlich und tatsächlich die Planung und Ausführung in der Hand haben.[65] Die bloße Mitunternehmereigenschaft gem. § 15 I Satz 1 Nr. 2 EStG (Unternehmerinitiative sowie Unternehmerrisiko) ist nicht ausreichend. Die Mitwirkungsrechte der Gesellschafter müssen über diese Vorgaben hinausgehen. Von einer Herstellereigenschaft ist bei geschlossenen Immobilienfonds somit nur dann auszugehen, wenn den Zeichnern eine wesentliche Einflussnahme auf die Vertragsgestaltung und somit auf das Initiatorkonzept eingeräumt wird. Dies ist insbesondere bei Blind-Pool-Konstruktionen der Fall. Hier sind im Prospekt nur Rahmendaten zur Investition angegeben. Die Anleger entscheiden später auf einer Gesellschafterversammlung über die Investitionsobjekte und weitere Fragen. Erfüllbar wird die Forderung der Finanzverwaltung auch über die Wahl eines Beirats durch die Gesellschafter.[66] Eben genannte Konstruktionsformen sind allerdings nur wenig verbreitet. Studien belegen zudem, dass die Emittenten geschlossener Immobilienfonds diese Umkonstruktion ihrer Beteiligungsmodelle scheuen. Nur knapp 20% wollen ihre Fonds mit weit reichenden Einflussmöglichkeiten der Kommanditisten ausstatten.[67] Ein Zeichner eines geschlossenen Immobilienfonds wird daher aufgrund des vorformulierten Vertragswerks und der nicht gegebenen wesentlichen Einflussmöglichkeit auf das Investment i.d.R. als Erwerber angesehen.[68] Steuerlich folgt daraus, dass Werbungskosten / Betriebsausgaben nur noch beschränkt sofort abzugsfähig

---

[62] Vgl. Schlag, Kapitalanlage, 1995, S. 38 f.
[63] Vgl. Zitelmann, Vermögen, 2004, S. 138.
[64] Vgl. Zitelmann, Vermögen, 2004, S. 23.
[65] Vgl. Lüdicke/Arndt/Götz, Geschlossene Fonds, 2005, S. 74.
[66] Vgl. Zitelmann, Vermögen, 2004, S. 140.
[67] Vgl. Schoeller/Witt (Hrsg.), Jahrbuch 2003/2004, 2004, S. 64.
[68] Vgl. Scharwies, 5. Bauherrenerlass, 2004, S. 295; Heß, Fondserlass, 2003, S. 1953 ff.

sind.[69] Sie sind folglich zu aktivieren und über die Nutzungsdauer abzuschreiben. Dies betrifft in der Unterscheidung zur Herstellereigenschaft u.a. vor allem die Provisionen der Eigenkapitalvermittlung, Kosten der Prospektprüfung, -erstellung und -haftung sowie die Haftungs- und Geschäftsführungsgebühr des Komplementärs.

Für im Jahr 1998 platzierte geschlossene Immobilienfonds lagen die Anfangsverluste (bezogen auf das EK) noch bei 77%, 2002 lag die steuerliche Verlustzuweisung nur noch bei durchschnittlich 29%, für die in Deutschland investierten Fonds im Jahr 2004 sogar nur noch bei 24% (Tabelle 7). Im Zeitraum 1998 bis 2004 haben die Immobilienfonds mit Anlagen in Deutschland somit im Vergleich zu allen anderen Beteiligungsmodellen am deutlichsten an Verlustzuweisung verloren.

Fondsgattung	Verlustzuweisung/Entwicklung (in %)				Veränderung 1998-2004	
	1998	2000	2002	2004	Absolut (in %-Pkt.)	Relativ* (in %)
Geschl. Immobilienfonds Deutschland	77	52	29	24	-53	-68,8
Immobilien-Leasingfonds	121	76	55	k.A.	-66[1)]	-54,5[1)]
Mobilien-Leasingfonds	178	184	134	128	-50	-28,1
Schiffsbeteiligungen	117	92	60	48	-69	-59,0
Medienfonds	128	166	135	176	48	37,5
New Energy Fonds	108	117	91	92	-16	-14,8
Alle Beteiligungsmodelle	112	113	77	76	-36	-32,1

* Basisjahr 1998; [1)] Entwicklung bis 2002

Tabelle 7: Entwicklung der Verlustzuweisung im Zeitraum 1998-2004 [70]

Die Diskussion um die geplante Neuregelung des EStG, einhergehend mit der Einführung eines § 15b E-EStG forciert den Wandel von steuerorientierten Fonds hin zu Renditefonds zusätzlich. Der Entwurf des § 15b E-EStG sah vor, dass Verluste aus sog. Steuerstundungsmodellen nur mit zukünftigen Gewinnen aus derselben Einkunftsquelle verrechnet werden können. Eine Verlustverrechnung mit anderen Einkunftsarten (vertikaler Verlustausgleich) und innerhalb derselben Einkunftsart (horizontaler Verlustausgleich) wäre dann ausgeschlossen. Ein Steuerstundungsmodell liegt nach der Definition des Gesetzgebers vor, wenn aufgrund einer modellhaften Gestaltung steuerliche Vorteile durch die

---

[69] Vgl. Loritz/Pfnür, Zukunftsperspektiven, 2004, S. 31. sowie Beck, Neuregelung, 2004, S. 766.
[70] Vgl. Boutonnet/Loipfinger, Geschlossene Immobilienfonds, 2004, S. 23 sowie Loipfinger, Beteiligungsmodelle, 2005, Kapitel 10, S. 20.

Zuweisung anfänglicher negativer Einkünfte erzielt werden sollen. Der Entwurf sah eine Anwendung dieser Regelungen auf die Modelle vor, bei denen innerhalb der Verlustphase das Verhältnis aus der Summe der prognostizierten Verluste zur Höhe des gezeichneten und nach dem Konzept aufzubringenden Eigenkapitals 10% übersteigt.[71] Die Bedeutung für in Deutschland investierende Immobilienfonds ist in Relation zu anderen Arten von Beteiligungsmodellen geringfügig. Durch die gesetzlichen Änderungen der letzten Jahre (Stichwort § 2b EStG) hat sich im Markt bereits ein Wandel von Steuer- hin zu Renditemodellen vollzogen.

Auslandsfonds sind, sofern sie von den Bestimmungen der Doppelbesteuerungsabkommen profitieren (Freistellungsmethode), von der Einführung des § 15b E-EStG nicht betroffen. Hier besteht der Steuervorteil ja gerade darin, dass ausländische Einkünfte aus Vermietung, Verpachtung sowie der Veräußerung von Immobilien im Belegenheitsland der Besteuerung unterliegen und in Deutschland steuerfrei vereinnahmt werden können.[72] Konsequenz der Diskussion: eine weitere Forcierung des bestehenden Trends zu den Auslandsfonds.[73]

Maßgeblich durch die diskutierte Gesetzesnovellierung betroffen, waren hingegen die Initiatoren aus den Segmenten der Medien- und New Energy Fonds.[74] Bei diesen Modellen war die Steuerwirkung durch hohe anfängliche Verlustzuweisungen das wesentliche Investitionsmotiv. Bislang konnten sich Regierung und Opposition nicht über die Gesetzesnovellierung im Zuge der Unternehmenssteuerreform einigen.[75] Sollten diese Pläne allerdings wieder aufgegriffen werden, bleibt abzuwarten, inwieweit andere Arten von Beteiligungsmodellen hiervon profitieren werden. Die Erschließung neuer Kundenkreise für die Initiatoren geschlossener Immobilienfonds ist aber zumindest denkbar.[76]

Andere Konstruktionen bspw. in der Form steuerorientierter Erbbaufonds sind ebenfalls nicht mehr am Markt. Nach einem Urteil des Bundesfinanzhofs im September 2003 konnten diese Investmentvehikel hohe Anfangsverluste von rund 70% in der Spitze darstellen. Das negative Anlaufergebnis resultierte dar-

---

[71] Vgl. Bundesregierung (Hrsg.), Gesetzentwurf, 2005, S. 2 f; e-Fonds24, Pressemitteilung, 2005, S. 1 f; Fleischmann, Steuersparmodelle, 2005, S. 39.
[72] Vgl. Beck, Kommentar, 2005, S. 3 f. Siehe hierzu auch Kapitel 1.1.5.1.2., S. 20 f.
[73] Vgl. Gotzi, Ausland, 2005, S. A 4.
[74] Vgl. Zitelmann, Immobilien-News, 2005a, S. 1 f.
[75] Vgl. o.V., Steuervorteile, 2005; o.V., § 15b EStG, 2005.
[76] Vgl. Bomke, Steuerpläne, 2005, S. 3.

aus, dass der Fonds ein Objekt nach dem Erbbaurecht erwarb und die üblichen Erbbauzinsen nicht über die Jahre gezahlt wurden, sondern bereits zu Beginn in einer Summe.[77] Nach der gesetzlichen Neuregelung des § 11 EStG ist seit Herbst 2004 diese Gestaltungsmöglichkeit hinfällig. Die meisten Initiatoren gestalteten ihre Fonds daraufhin kurzerhand in renditeorientierte Modelle um.[78]

1.1.5.1.2. Steuervermeidungsmodelle

Von einer tatsächlichen Steuerorientierung kann man bei den geschlossenen Immobilienfonds nur noch für die im Ausland investierenden Konstruktionen sprechen. Steuervermeidung bedeutet in diesem Zusammenhang, die Zugriffsmöglichkeiten des deutschen Fiskus zu umgehen. Steuern sollen erst gar nicht und wenn, dann nur im geringen Umfang anfallen. Ein „Steuersparen" durch Verlustverrechnung als vertikaler bzw. horizontaler Verlustausgleich ist hier nicht relevant, ja sogar unmöglich.[79]

Die Steuervermeidung erfolgt auf Basis der Regelungen bestehender Doppelbesteuerungsabkommen. Gemäß Art. 6 OECD-Musterabkommen (OECD-MA) können Einkünfte aus unbeweglichem Vermögen im Belegenheitsland der Besteuerung unterliegen. Gleiches gilt nach Art. 13 des Musterabkommens für entsprechende Veräußerungserlöse.[80] Damit soll die Doppelbesteuerung der Erträge des deutschen Anlegers auf Auslandsseite (Quellenbesteuerung) und im Inland (Wohnsitzbesteuerung) vermieden werden. Verzichtet die Bundesrepublik Deutschland auf Basis eines bestehenden Doppelbesteuerungsabkommens auf die Besteuerung ausländischer Erträge, so ist die Steuerpflicht gegenüber dem deutschen Fiskus durch den Abzug ausländischer Quellensteuer abgegolten. Anleger profitieren damit von den im Ausland bestehenden Freibeträgen und zum Teil deutlich geringeren Steuersätzen (Anfangssteuersatz USA 10%) auf die Erträge der Kommanditgesellschaft bzw. des Limited Partnerships in den USA. In Deutschland greift nach § 32b des Einkommenssteuergesetzes lediglich der Progressionsvorbehalt.[81]

---

[77] Vgl. Simon, Substanz zählt, 2004, S. 6.
[78] Vgl. Rohmert, Immobilienbrief – Spezial, 2005, S. 6.
[79] Vgl. Zitelmann, Immobilien, 2002, S. 119.
[80] Vgl. OECD-MA, 2003.
[81] Vgl. § 32b EStG.

Nachsteuer-Erträge bei geschlossenen Auslandsimmobilienfonds – Beispielrechnung bei zu versteuerndem Einkommen von 200.000 Euro und einer Fondsbeteiligung von 50.000 Euro mit einer Rendite von 7% p.a.

Immobilien-standort	Mietertrag	Abschreibung	BMG	Auslands-steuer[1]	Inlands-steuer	NSt.-Ertrag	NSt.-Ertrag in %*
Großbritannien	3.500	-	3.500	-	105,42[2]	3.394,58	96,99
Italien	3.500	1.200	2.300	-	105,42[2]	3.394,58	96,99
USA	3.500	1.024	2.475	-	105,42[2]	3.394,58	96,99
Niederlande	3.500	-	1.148	344,40	105,42[2]	3.050,18	87,15
Luxemburg	3.500	800	2.700	415,13	105,42[2]	2979,45	85,13
Ungarn	3.500	2.000	1.500	450,42	105,42[2]	2.944,16	84,12
Polen	3.500	1.000	2.500	475,00	105,42[2]	2.919,58	83,42
Kanada	3.500	1.600	1.900	475,00	105,42[2]	2.919,58	83,42
Österreich	3.500	600	2.900	667,00	105,42[2]	2.727,58	77,93
Tschechien	3.500	800	2.700	1.001,70	105,42[2]	2.392,88	68,37
Frankreich	3.500	1.200	2.300	1.016,22	105,42[2]	2.378,36	67,95
Finnland	3.500	1.600	1.900	532,00	635,11[3]	2.332,89	66,65
Schweiz	3.500	1.500	2.000	480,00	689,97[3]	2.330,03	66,57
Deutschland	3.500	800	2.700	-	1.196,37	2.303,63	65,82
Mittelwert						2818,72	80,54

* prozentualer Anteil auf Basis des Mietertrags. [1] Einkommensteuer, Körperschaftssteuer, Gewerbesteuer, Quellensteu- [2] Progressionsvorbehalt. [3] Anrechnungsmethode.

Tabelle 8: Nachsteuer-Erträge bei geschlossenen Auslandsimmobilienfonds[82]

Auch im Ausland zeigen sich Tendenzen zum Abbau von Steuervorteilen. Dies könnte 2005 vor allem Investments in Österreich und den Niederlanden tangieren. Die geplanten Steuerrechtsnovellen betreffen die Freibeträge in beiden Ländern. Die jeweiligen Doppelbesteuerungsabkommen bleiben unberührt. In Österreich plant der Gesetzgeber eine Herabsetzung des Freibetrages für beschränkt steuerpflichtige Anleger von vormals 3.640 Euro auf nur noch 2.000 Euro. In den Niederlanden soll die Nichtveranlagungsgrenze von 217 auf 40 Euro abgesenkt werden. Beide Maßnahmen berühren vor allem Kleinanleger. Der Großteil der Investoren dürfte ohnehin nicht unter die Nichtveranlagungsgrenze fallen. Aufgrund der dort niedrigeren Steuersätze im Vergleich zu Deutschland können Fonds in Österreich und den Niederlanden also weiterhin als lukrativ eingestuft werden.[83]

---

[82] In Anlehnung an Gotzi, Gewinne, 2005, S. 74.
[83] Vgl. Fischer, Immobilienwirtschaft, 12/04-01/05, S. 27.

1.1.5.2. Renditeorientierung

Durch den Abbau von Steuervorteilen treten Wirtschaftlichkeitsaspekte der Immobilie wie Standortqualität und langfristige Rentabilität als Anlagekalkül stark in den Vordergrund.[84] Anleger legen besonderen Wert auf die Chancen und Risiken einer bestimmten Immobilieninvestition.[85] Abbildung 12 stellt die kumulierte Entwicklung (in %) von Verlustzuweisung und Ausschüttung im Zeitraum 1998 bis 2004 für ausgewählte Beteiligungsmodelle dar.

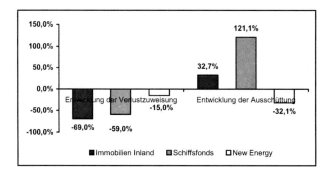

Abbildung 12: Entwicklung von Verlustzuweisung und Ausschüttung im Zeitraum 1998-2004 (Basisjahr 1998)

Bei sinkender Verlustzuweisung ist das Ausschüttungsniveau deutlich angestiegen. Für den Zeitraum 1998 bis 2004 haben sich die Ausschüttungen von in Deutschland investierenden Immobilienfonds um insgesamt 32,7% erhöht.[86]

---

[84] Vgl. Bulwien, Immobilienmarkt, 2004, S. 35.
[85] Vgl. Lüdicke/Arndt/Götz, Geschlossene Fonds, 2002, S. 77.
[86] Vgl. Loipfinger, Beteiligungsmodelle, 2005, Kapitel 10, S. 21.

	Ausschüttung/Entwicklung (in %)				Veränderung 1998-2004	
Fondsgattung	1998	2000	2002	2004	Absolut (in %-Pkt.)	Relativ* (in %)
Geschl. Immobilienfonds Deutschland	4,9	5,4	6,1	6,5	1,6	32,65
Geschl. Immobilienfonds Niederlande	6,7	6,6	7,0	7,2	0,5	7,46
Geschl. Immobilienfonds USA	7,7	7,2	8,0	7,6	-0,1	-1,30
Geschl. Immobilienfonds Österreich	k.A.	k.A.	6,4	6,0	-0,3[1]	-4,76[1]
Geschl. Immobilienfonds Sonstige	6,9	7,0	7,0	6,6	-0,3	-4,35
Alle geschlossenen Immobilienfonds	5,5	5,8	7,1	6,9	1,4	25,45
Immobilien-Leasingfonds	3,9	4,3	4,5	k.A.	0,6[2]	15,38[2]
Mobilien-Leasingfonds	0,6	0,4	0,8	k.A.	0,2[2]	33,33[2]
Schiffsbeteiligungen	3,8	5,8	8,5	8,4	4,6	121,05
Medienfonds	3,5	5,9	14,2	10,0	6,5	185,71
New Energy Fonds	8,1	7,4	6,0	5,5	-2,6	-32,10
Alle Beteiligungsmodelle	4,8	5,4	8,1	7,9	3,1	-65,58

* Basisjahr 1998; [1] Basisjahr 2002; [2] Entwicklung bis 2002

Tabelle 9: Niveau und Entwicklung der Ausschüttung ausgewählter Beteiligungsmodelle [87]

Trotz allgemein steigender Ausschüttung werden bei Betrachtung der verschiedenen internationalen Immobilienmärkte erhebliche Differenzen hinsichtlich des Renditeniveaus deutlich.

Total Return (in %)	1999	2000	2001	2002	2003	Arith. Mittel	Geom. Mittel
Ireland	31,2	28,7	8,2	2,3	12,7	16,62	11,65
Portugal	-	10,9	14,0	13,5	9,5	11,98	11,83
UK	14,7	10,5	6,7	9,7	10,9	10,50	10,18
South Africa	13,7	11,1	10,6	9,7	15,1	12,04	11,87
Denmark	-	9,6	9,5	10,2	7,4	9,18	9,11
Netherlands	15,8	16,1	11,4	8,8	7,1	11,84	11,26
Canada	10,6	12,1	9,3	8,9	8,2	9,82	9,73
France	13,7	14,2	9,8	8,6	8,0	10,86	10,56
Spain	-	-	9,0	8,3	7,9	8,40	8,39
Norway	-	12,7	11,1	6,8	7,8	9,60	9,30
Germany	5,0	5,6	5,9	4,2	2,5	4,64	4,44
Sweden	17,6	22,1	4,8	2,4	0,9	9,56	5,26
Switzerland	-	-	-	5,7	5,2	5,45	5,44
Italy	-	-	-	-	10,4	10,40	10,40

Tabelle 10: Total Return IPD Pan-European Indices (local currencies) [88]

---

[87] Vgl. Loipfinger, Beteiligungsmodelle, 2005, Kapitel 10, S. 21.

Die Renditeerwartungen für Immobilieninvestitionen in Deutschland sind mit durchschnittlich weniger als 5,0% p.a. (5-Jahresmittelwert) relativ gering. Zu den rentabelsten Standorten zählen im internationalen Vergleich Frankreich, Portugal, Großbritannien und Irland mit einem durchschnittlichen Total Return p.a. von über 10,0% (Tabelle 10). Auch im Vergleich zu anderen Beteiligungsmodellen weisen Immobilienfonds und hier besonders die mit Objekten im Inland ein eher niedriges Renditeniveau auf (Abbildung 13).

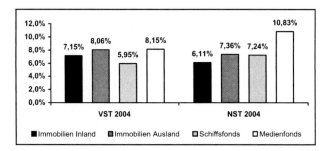

Abbildung 13: Vor- und Nachsteuerbetrachtung der Prognoserendite für ausgewählte Beteiligungsmodelle [89]

Die Höhe der Ausschüttungen ist bei den in Deutschland investierenden Immobilienbeteiligungsmodellen besonders gering. Im Jahr 2004 lag das durchschnittlich prognostizierte Ausschüttungsniveau deutscher geschlossener Immobilienfonds unter Berücksichtigung von Steuern bei durchschnittlich 6,11%. Ein Vergleich zu den im Ausland anlegenden Immobilienfonds für das Jahr 2004 unterstreicht dieses Bild. So liegt bspw. für Anleger mit einer Beteiligung an einem Auslandsfonds die durchschnittliche prognostizierte Nachsteuerrendite bei 7,36% bei Medienfons sogar bei 10,83%. Eine andere Fondskategorie – Schiffsbeteiligungen – erreichten dagegen im gleichen Jahr eine mittlere prognostizierte Nachsteuerrendite von 7,24%.[90]

---

[88] Vgl. IPD (Hrsg.), property index, 2004.
[89] Vgl. Schoeller/Witt (Hrsg.), Jahrbuch 2004/2005, 2005, S. 63.
[90] Ebenda.

Trotz der ungleich höheren Attraktivität anderer Fondskonstruktionen sowie ausländischer Immobilieninvestments, sind die in Deutschland investierenden Immobilienfonds nicht zu unterschätzen. Mit einer mittleren Verlustzuweisung von 25% und einem langfristig unter dem Ausschüttungsniveau liegenden Steuerergebnis bieten diese Fonds nach wie vor eine für den Anleger attraktive Rendite unter steuerlichen Gesichtspunkten. Dies gilt insbesondere im Vergleich zu anderen am Kapitalmarkt angebotenen Anlageprodukten.[91]

1.2. Typologie der Zeichner

Lange Zeit waren Ärzte, Rechtsanwälte und andere Freiberufler die klassischen Zeichner von geschlossenen Immobilienfonds. Die hohen steuerlichen Anlaufverluste vor allem der in Deutschland investierenden geschlossenen Fonds waren für die Gruppe der Spitzenverdiener aus steuerlichen Gestaltungsgründen besonders interessant.[92] Mit dem sukzessiven Abbau der Möglichkeit des Steuersparens und der Tendenz zur Renditeorientierung hat sich auch die Typologie der Zeichner verändert.[93]

1.2.1. Soziodemographische Strukturen

Die soziodemographischen Strukturen der Anlegerebene sind differenzierbar in die Subebenen der sozialen Stellung, des Geschlechts und des Alters der Zeichner geschlossener Immobilienfonds.

1.2.1.1. Soziale Stellung

Hinsichtlich der sozialen Stellung dominieren Angestellte die Struktur der Zeichner von Beteiligungsmodellen. Im Jahr 2004 wurden 28% aller geschlossenen Fonds von dieser Berufsgruppe gezeichnet (Abbildung 14). Dem folgen Unternehmer und Selbstständige, Ärzte und Apotheker sowie Rechtsanwälte und andere Freiberufler.[94]

---

[91] Vgl. Loipfinger, Beteiligungsmodelle, 2004, S. 14 f.
[92] Siehe dazu Kapitel 1.1.5.1., S. 16 ff.
[93] Vgl. Boutonnet/Loipfinger, Geschlossene Immobilienfonds, 2004, S. 21.
[94] Vgl. Loipfinger, Beteiligungsmodelle, 2005, Kapitel 11, S. 15.

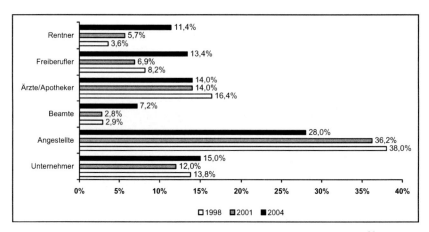

Abbildung 14: Zeichner im Gesamtmarkt der Beteiligungsmodelle nach Zeichnungsvolumina [95]

Die Verteilung der Berufsgruppen bei den Zeichnern geschlossener Immobilienfonds ist ähnlich. Angestellte stellen auch hier mit einem Anteil von fast 28% das größte Segment. Ebenso von Bedeutung sind Selbstständige, Freiberufler, Ärzte, Apotheker und Rentner. Für letztere gilt: ihr Anteil ist im Vergleich zum Gesamtmarkt der Beteiligungsmodelle deutlich höher.[96]

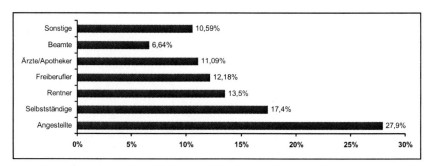

Abbildung 15: Zeichner geschlossener Immobilienfonds 2004

Vor allem der Anteil der Beamten, Freiberufler und Rentner hat bei den Beteiligungsmodellen im Zeitraum zwischen 1998 und 2004 eine stark positive Entwicklung erfahren. Die gezeichneten Volumina haben sich teilweise mehr als verdoppelt.

---

[95] Vgl. Loipfinger, Beteiligungsmodelle, 2005, Kapitel 11, S. 18.
[96] Vgl. Schoeller/Witt (Hrsg.), Jahrbuch 2004/2005, 2005, S. 58.

	Anteil der Berufsgruppen gewichtet nach Zeichnungsvolumen				Veränderung 1998-2004	
Berufsgruppen	1998	2000	2002	2004	Absolut (in %-Pkt.)	Relativ* (in %)
Unternehmer/Selbständige	13,8%	14,0%	17,0%	15,0%	1,2%	8,7%
Angestellte	38%	36,8%	29,5%	28,0%	-10,0%	-26,3%
Beamte	2,9%	3,7%	2,9%	7,2%	4,3%	148,3%
Ärzte/Apotheker	16,4%	15,6%	12,9%	14%	-2,4%	-14,6%
Rechtsanwälte/Steuerberater/Freiberufler	8,2%	9,9%	6,7%	13,4%	5,2%	63,4%
Rentner	3,6%	5,0%	11,3%	11,4%	7,8%	216,7%
Hausfrauen	1,3%	1,1%	0,4%	0,9%	-0,4%	-30,8%
Sonstige	15,2%	13,9%	18,4%	10,2%	-5%	-32,9%
Gesamt	100%	100%	100%	100%		

* Basisjahr 1998

Tabelle 11: Berufe der Fondszeichner im Zeitverlauf von 1998 bis 2004 [97]

Der Anteil der Angestellten ist hingegen stark zurückgegangen. Auch von der Zielgruppe der Ärzte und Apotheker werden zunehmend geringere Volumina gezeichnet.[98]

1.2.1.2. Geschlecht

Der Hauptanteil der Zeichner von Beteiligungsmodellen ist männlich. Zwar sind mehr als zwei Drittel der Zeichner Männer, der Anteil der Frauen hat aber in den letzten Jahren stetig zugenommen.

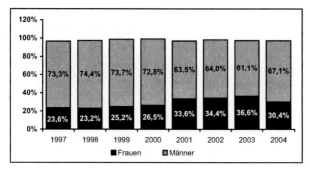

Abbildung 16: Geschlecht der Zeichner geschlossener Fonds [99]

---

[97] Vgl. Loipfinger, Beteiligungsmodelle, 2005, Kapitel 11, S. 18.
[98] Ebenda.

Lag der Anteil der Frauen im Jahr 1997 noch bei ca. 23,6%, so stieg er zum Jahr 2004 auf ca. 30,4% an. Zwischenzeitlich erreichte er sogar einen Wert von über 36% (Abbildung 16).[100]

Ein ähnliches Bild ergibt sich bei einer isolierten Betrachtung geschlossener Immobilienfonds. Im Jahr 2004 lag der Anteil der Frauen bei 34,1%, der Anteil der Männer bei 62,4%. 3,5% der Zeichner fielen im Betrachtungsjahr in die Kategorie Firmen/Ehepartner. Zudem wird deutlich, dass Frauen im Vergleich verschiedener Beteiligungsmodelle vorzugsweise geschlossene Immobilienfonds und Leasingfonds zeichnen (Abbildung 17).[101]

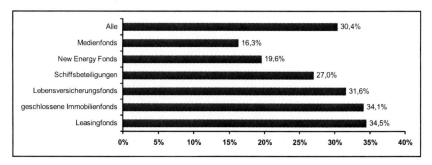

Abbildung 17: Frauenanteil bei ausgewählten Beteiligungsmodellen nach Zeichnerzahlen im Jahr 2004

Obgleich sich Frauen mehrheitlich ungern mit ihren Finanzen beschäftigen, interessieren sie sich zunehmend für renditeorientierte Beteiligungsmodelle.[102] Die Entwicklung bei den geschlossenen Fonds folgt auch der statistischen Entwicklung. Das heißt, mit einer steigenden Erwerbsquote von Frauen und einem steigenden Einkommen gewinnt auch das Thema Frauen und Finanzen an Bedeutung.[103]

---

[99] Gewichtet nach der Anzahl der Zeichner.
[100] Vgl. Loipfinger, Beteiligungsmodelle, 2005, Kapitel 11, S. 7.
[101] Vgl. Loipfinger, Beteiligungsmodelle, 2005, Kapitel 11, S. 20.
[102] Vgl. Anastassiou, 2004, Geschlossene Fonds, S. 47.
[103] Vgl. Duttenhöfer/Keller, Finanzdienstleistungen, 2004, S. 337 f.; Meyer, Frauen, 2003, S. 6.

1.2.1.3. Alter

Unter den Zeichnern geschlossener Immobilienfonds macht das Alterssegment zwischen 40 und 75 Jahren den größten Anteil aus. Fast 72% der Anleger gehören dieser Gruppe an.

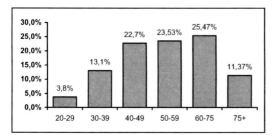

Abbildung 18: Altersgruppen der Zeichner geschlossener Immobilienfonds[104]

Ein Entwicklungstrend wird bei Betrachtung aller Beteiligungsmodelle deutlich. Die Altersgruppe der 51 bis 60-jährigen ist am stärksten vertreten.

Altersgruppe in Jahren	Prozentualer Anteil gewichtet nach Zeichnungsvolumen							Veränderung 1998-2004	
	1998	1999	2000	2001	2002	2003	2004	Absolut (in %-Pkt.)	Relativ* (in %)
bis 30	4,8%	6,1%	4,2%	2,4%	6,2%	4,4%	4,3%	-0,5%	-10,42%
31 bis 40	19,9%	20,9%	21,6%	15,3%	15,1%	17,1%	12,1%	-7,8%	-39,20%
41 bis 50	30,0%	27,7%	29,5%	23,7%	25,6%	27,0%	23,8%	-6,2%	-20,67%
51 bis 60	26,8%	25,9%	25,5%	25,6%	26,6%	28,2%	25,0%	-1,8%	-6,72%
61 bis 70	10,8%	11,7%	11,7%	18,0%	17,5%	16,2%	23,0%	12,2%	112,96%
über 70	7,5%	7,7%	7,2%	13,8%	8,8%	6,7%	11,09	3,59%	47,87%

* Basisjahr 1998

Tabelle 12: Alter der Zeichner von Beteiligungsmodellen im Zeitverlauf[105]

Gewichtet nach dem Zeichnungsvolumen befinden sich 25% der Anleger in dieser Altersgruppe.[106] Ebenfalls stark vertreten sind die Altergruppen der 41-50-jährigen und der 31-40-jährigen. Zeichner im Alter von 41 bis 70 Jahren machen

---

[104] Vgl. Schoeller/Witt (Hrsg.), Jahrbuch 2004/2005, 2005, S. 169.
[105] Vgl. Loipfinger, Beteiligungsmodelle, 2005, Kapitel 11, S. 12.
[106] Vgl. Loipfinger, Beteiligungsmodelle, 2004, Kapitel 11, S. 7.

somit mit fast 72% den größten Anteil aus. Wachstumstrends sind einzig in den Gruppen der 61-70-jährigen und der über 70-jährigen erkennbar.

Der starke Zuwachs in der Gruppe der 61 bis über 70-jährigen kann vor allem auf den Wandlungsprozess in der Produktstruktur vom steuerorientierten Anlagebereich hin zu einer renditeorientierten Beimischung zurückgeführt werden.[107]

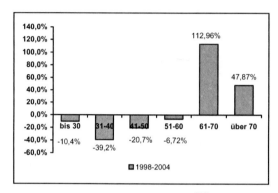

Abbildung 19: Veränderung der Altersgruppen [108]

Der hohe Anteil des Zeichnungsvolumens in den Altersgruppen zwischen 41 und 60 Jahren von mehr als 55% lässt vermuten, dass vor allem renditeorientierte Beteiligungsmodelle verstärkt zu Altersvorsorgezwecken genutzt werden.[109]

Der demographische Wandel in der Gesellschaft wird in den kommenden Jahren signifikante Auswirkungen auf die Altersstruktur der Zeichner geschlossener Fonds haben. Eine sukzessive Ausrichtung der Beteiligungsmodelle an den Bedürfnissen älterer Menschen kommt demnach, wie auch in den Konsumgütermärkten, einer Erschließung großer Potentiale gleich. Über 60% der Vermögen in Deutschland, etwa 2.200 Mrd. bis 3.000 Mrd. Euro, werden von der Gruppe der über 50-Jährigen gehalten.[110] Dieses Potential gilt es durch geeignete Anlageprodukte zu realisieren.

---

[107] Vgl. Pelikan, Beteiligungs-Kompass, 2004, S. 33 f.
[108] Gewichtet nach Zeichnungsvolumen, Basisjahr 1998.
[109] Anhand gegebener Daten sind keine detaillierteren Analysen möglich. Notwendig sind immobilienbezogene Schlüsselungen der Altersstruktur sowie detailliertere Abfragen der Anlagemotive.
[110] Vgl. Gassmann/Reepmeyer/Walke, Neue Produkte, 2005, S. 63; Ambrozy, Senioren, 2005, S. 8.

1.2.2. Anlageverhalten

Indikatoren für das Anlageverhalten im Marktsegment der geschlossenen Immobilienfonds sind neben der Höhe der Zeichnungssumme, die Vermögensstruktur und vor allem auch die Motive der Investoren.

1.2.2.1. Zeichnungssumme

Die durchschnittliche Zeichnungssumme geschlossener Fonds ist gemessen an der Gesamtbevölkerung wieder auf einem ansteigenden Niveau. Zwischen 1997 und 2002 war sie von 138 Euro auf 110 Euro gesunken. Im Jahr 2004 lag die durchschnittliche Zeichnungssumme pro Kopf bei 156 Euro.[111]

Von den Zeichnern geschlossener Immobilienfonds wurden durchschnittlich 33.320 Euro investiert. Bei US-Fonds lag die durchschnittliche Zeichnungssumme bei 43.035 Euro. Die Zeichnungssummen sind bei den Immobilienbeteiligungen im Zeitverlauf seit 1998 um 34% gesunken.[112] Besonders deutlich wird der Rückgang der Zeichnungssumme bei Betrachtung der in den Niederlanden und Deutschland investierenden geschlossenen Immobilienfonds. Hier ist die durchschnittliche Zeichnungssumme von 1998 bis 2004 um über 22.000 bzw. über 17.000 Euro zurückgegangen. Dies entspricht einer relativen Veränderung von -47,5% bzw. -37,2% (Tabelle 13).

Fondsgattung	Durchschnittliche Zeichnungssummen in Euro							Veränderung 1998-2004	
	1998	1999	2000	2001	2002	2003	2004	Absolut (in Euro)	Relativ* (in %)
Geschl. Immobilienfonds	50.545	50.226	48.556	42.016	40.456	34.630	33.220	-17.325	-34,28
Deutschland	52.249	49.780	42.368	33.567	35.270	30.118	32.808	-19.441	-37,21
Niederlande	46.494	41.290	37.285	51.406	40.032	26.350	24.398	-22.096	-47,52
Österreich					38.872	30.960	33.956	-4.916	-12,65
USA	46.704	55.383	67.224	63.570	44.277	40.908	43.035	-3.669	-8,29
Sonstiges Ausland	42.302	40.068	40.518	31.278	34.476	33.500	29.200	-13.102	-38,00
Beteiligungsmodelle insg.	62.293	50.632	52.042	41.486	41.081	37.468	34.375	-27.918	-67,96

* Basisjahr 1998

Tabelle 13: Durchschnittliche Zeichnungssummen im Zeitverlauf von 1998 bis 2004

Die Tendenz zu kleineren Zeichnungssummen pro Fondszeichner ist erklärbar durch die Absenkung der Mindestbeteiligungssummen. So können Anleger be-

---

[111] Vgl. Loipfinger, Beteiligungsmodelle, 2005, Kapitel 11, S. 26.
[112] Vgl. Loipfinger, Beteiligungsmodelle, 2005, Kapitel 10, S. 23.

reits ab 5.000 Euro in Beteiligungsmodelle wie Windkraft oder Dachfonds aber auch Immobilienfonds investieren.[113] Geringe Mindestzeichnungen sind mit dem Abbau von Einstiegsbarrieren gleichzusetzen. Durch diesen Schritt wird es für die Fondsinitiatoren möglich, neue Zielgruppen zu erschließen.

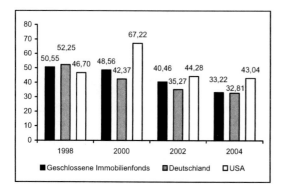

Abbildung 20: Durchschnittliche Zeichnungssumme im Zeitverlauf (in Tsd. Euro)

Die geringeren Mindesteinlagen bieten damit eine sinnvolle Alternative zu Ratensparverträgen bei geschlossenen Fonds. Solchen Investmentvehikeln stehen Experten kritisch gegenüber, da sich die Initiatoren damit in starke Abhängigkeit von der Bonität der Zeichner begeben.[114]

1.2.2.2. Vermögensstruktur

Anleger für Beteiligungsmodelle gehören i.d.R. zumindest der mittelständischen Vermögensgruppe an. Als klassische Endkunden für geschlossene Fonds werden Anleger mit einem Jahreseinkommen von über 60.000 Euro und einem liquiden Vermögen von mindestens 100.000 Euro angesehen.[115] Bei den Kreditinstituten ist diese Zielgruppe meist im Private Banking angesiedelt. Finanzierungsmodelle für geschlossene Immobilienfonds bzw. Ansparfonds sind im Markt für geschlossene Fonds nur gering verbreitet. In der Regel verfügen Fondzeichner über die notwendigen Finanzierungsmittel zur Investition in einen geschlossenen Immobilienfonds. Die im Zeitverlauf gesunkenen Mindestzeichnungssummen bei den Beteiligungsmodellen dürften allerdings Einfluss auf die typische Vermögens- und Einkommensstruktur der Zeichner haben.

---
[113] Vgl. Pelikan, Beteiligungs-Kompass, 2004, S. 34.
[114] Vgl. Boutonnet/Loipfinger, Geschlossene Immobilienfonds, 2004, S. 49.
[115] Vgl. Pelikan, Beteiligungs-Kompass, 2004, S. 33.

1.2.2.3. Motivation

Klassische Motive für Investments in geschlossene Immobilienfonds sind Rendite, Steuereffizienz bzw. -optimierung und Sicherheit.[116] Die Ausschüttungsrendite bei geschlossenen Immobilienfonds ist im Vergleich zu anderen Anlageprodukten relativ hoch. Bei adäquater Standort- und Objektqualität werden darüber hinaus i.d.R. zusätzliche Wertsteigerungen generiert. Hinzu kommen Steuervorteile, die sich in der Vergangenheit vor allem durch Verrechnung anfänglicher negativer Einkünfte ergeben haben.[117] Trotz sinkender Verlustzuweisungen ist die verbundene Steuerwirkung auch weiterhin ein relevantes Investmentmotiv.[118] Dies gilt umso mehr für die steuervermeidenden Investitionen in Auslandsfonds.

Der Aspekt der Sicherheit resultiert aus den Faktoren der Diversifikation und des Inflationsschutzes. Die Inflationsschutzeigenschaften werden insbesondere durch die Indexierung von Gewerberaummietverträgen erzeugt.

Durch die klar im Vorfeld definierte Investition ist es zudem möglich, die Investitionsentscheidung auf die bestehende Vermögensstruktur abzustimmen und einen Beitrag zur Vermögensdiversifikation zu leisten. Die geringe Fungibilität der Anteile geschlossener Fonds bildet hingegen als Risikofaktor eine Einstiegsbarriere. Die fortschreitende Forcierung des Zweitmarkthandels[119] sowie die teilweise Einführung von Rückgaberechten für Anteile bspw. in Notsituationen[120] könnte die Problematik der Liquidierbarkeit lösen. Mit dem daraus resultierenden Sicherheitsgefühl auf Anlegerseite ergibt sich eine verstärkte Motivation zu einem Investment in geschlossene Immobilienfonds.[121]

Mit den Aspekten Rendite, Steuer und Sicherheit eng verknüpft ist das zunehmend stärker bewertete Anlagekalkül der Altersvorsorge. „Gerade in Zeiten unsicherer Erwartungen bezüglich der Gesetzlichen Rentenvorsorge [...] kommt dem geschlossenen Immobilienfonds als Sachwertanlage mit in der Vergangenheit vergleichsweise geringen Mietpreisvolatilitäten eine besondere Bedeutung zu."[122] Durch Mietpreisindexierung stehen den Anlegern hierbei inflationsge-

---

[116] Vgl. Boutonnet/Loipfinger, Geschlossene Immobilienfonds, 2004, S. 77 ff.
[117] Siehe dazu Kapitel 1.1.5. , S. 16 ff.
[118] Vgl. Pelikan, Beteiligungs-Kompass, 2004, S. 28.
[119] Vgl. Nowak/Becker, Zweitmarktsituation, 2005, S. 16 ff.
[120] Vgl. o.V., Hintertür, 2004, S. 43.
[121] Vgl. o.V., Innovative Kapitalanlagen, 2004, S. 18.
[122] Boutonnet/Loipfinger, Geschlossene Immobilienfonds, 2004, S. 98.

schützte Ausschüttungen zur Verfügung. Darüber hinaus können durch Verrechnung von steuerlichen Verlusten Einkünfte aus Zeiträumen hoher Progression in Zeiträume niedrigerer Progression (z.B. im Rentenalter) steuerlich wirksam verlagert werden.[123] Im Ergebnis erhöht sich damit die „individuelle" Rentabilität der Anlage. Mit Unsicherheit bezüglich der gesetzlichen Altersvorsorge[124] und dem sukzessiven Abbau von Sozialleistungen ergibt sich auf der Anlegerseite enormer Beratungsbedarf und für die Initiatoren geschlossener Immobilienfonds eine Chance für neue Betätigungsfelder.[125]

Der Markt geschlossener Immobilienfonds ist durch starke Konzentrationsprozesse und eine deutlich steigende Wettbewerbsintensität gekennzeichnet.[126] Der Gesamtmarkt für Beteiligungsmodelle ist zwar in den letzten Jahren stetig gewachsen. Allerdings haben sich gleichzeitig Substitute wie z.B. Schiffsfonds und Medienfonds etabliert. Auch der Wandel des Marktes für geschlossene Immobilienfonds zu einer Struktur mit wenigen großen Anbietern wird den Wettbewerb weiter forcieren. Hinzu kommt die Veränderung in den Nachfragergruppen. Der demographische Wandel in der Gesellschaft führt bspw. zu einer Heterogenisierung der einkommensstarken Alterszielgruppe der über 50-jährigen. Mit der Multioptionalität im Konsumverhalten[127] und auch mit einem wachsenden Frauenanteil gehen besondere Anforderungen an die Konzeption von Beteiligungsmodellen einher. All diese Faktoren gilt es auf Seiten der Initiatoren zu berücksichtigen. Die Umweltbedingungen sind zwar durch die einzelnen Unternehmen nicht beeinflussbar, entscheiden aber in hohem Maße über Erfolgspotentiale.[128] Der strategischen Aufstellung in Form einer klaren Positionierung der Unternehmen und folgend der Produkte kommt eine Schlüsselfunktion zu. Sie stellt die notwendige Basis für das zukünftig erfolgreiche Agieren der Initiatoren geschlossener Immobilienfonds am Markt für Beteiligungsmodelle dar.[129]

---

[123] Vgl. Boutonnet/Loipfinger, Geschlossene Immobilienfonds, 2004, S. 98.
[124] Vgl. Jordan, Altersvorsorge, 2004, S. 41 ff.
[125] Vgl. Derkum, Anforderungen, 2004, S. 774.
[126] Siehe dazu Kapitel 1.1.3. , S. 6 ff.
[127] Siehe dazu Essinger, Markenpolitik, 2001, S. 19 ff.
[128] Vgl. Süchting, Strategische Positionierung, 1996, S. 263.
[129] Vgl. Trommsdorff, Positionierung, 1995, S. 2058.

2. Positionierung als unternehmerisches Konzept

„In Zeiten gesättigter Märkte, austauschbarer Produkte und extremen Verdrängungswettbewerbs wird es für Unternehmen immer wichtiger, ihre Dienstleistung, ihre Marke oder ihr Produkt eindeutig und unverwechselbar im Wahrnehmungsraum ihrer Kunden bzw. ihrer Zielgruppe zu verankern und von der Konkurrenz abzugrenzen, um damit schließlich eine Unique Selling Proposition (USP) zu erreichen."[130] Steigende Anbieterkonzentration mit Sättigungstendenzen im Markt für Beteiligungsmodelle allgemein sowie im Teilmarkt der geschlossenen Immobilienfonds erfordern auf strategischer- und daraus folgend auf operativer Ebene klare Bestrebungen der Differenzierung. Erst mit einem Bewusstsein für die eigene Marktposition und für mögliche Alternativ-Positionen lässt sich die Entscheidungskomplexität auf den wettbewerbsintensiven Märkten für die Initiatoren geschlossener Immobilienfonds reduzieren.[131]

Die Vorgehensweise bei der Entwicklung einer Positionierung kann auf Basis eines Phasensystems dargestellt werden (Tabelle 14).

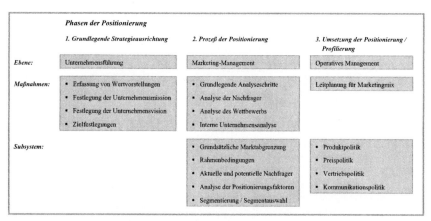

Tabelle 14: Phasensystem der Positionierung

Die Verfolgung dieser Teilphasen erfolgt Top-Down, jedoch ist das Phasensystem durch zahlreiche Rückkopplungen und Wechselwirkungen geprägt. Grundlage bilden zunächst Basisentscheidungen auf Ebene der Unternehmensführung.

---

[130] Bruhn, Marketing, 2001, S. 543.
[131] Vgl. Gershon, Positioning, 2003, S. 12.

Diese bereiten das Fundament für die strategischen Entscheidungen des Marketing-Managements und letztlich für die Entscheidungen auf operativer Ebene.

2.1. Positionierung auf Ebene des Initiators

Die moderne Positionierung ist gegenüber dem klassischen Positionierungsansatz, der nachträglich auf operativer Ebene ansetzt, dadurch charakterisiert, dass sie von vornherein gesamtkonzeptionell verankert ist.[132] „...auf Basis einer schlüssigen Ziel-, Strategie- und Mixpositionierungskette werden *neue* Produkt(Leistungs-) und adäquate Marktbearbeitungsprogramme „reissbrettartig" entworfen und realisiert."[133]

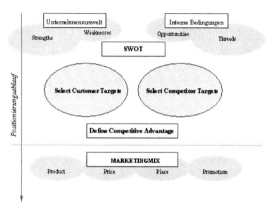

Abbildung 21: The Key Components of Marketing Strategy Formulation[134]

Die Schlüsselkomponenten des Positionierungsansatzes sind hinsichtlich dreier konzeptioneller Dimensionen differenzierbar (Abbildung 21). Durch die Betrachtung der Kunden- und Wettbewerbsebene in Verbindung mit dem Marktumfeld und der internen Aufstellung des jeweiligen Initiators werden Chancen und Gefahren sowie Stärken und Schwächen seiner Position im Markt ersichtlich (SWOT-Analyse). Hieraus lassen sich Wettbewerbsvorteile ableiten, welche die Basis für zukünftig erreichbare Marktpositionen bilden. Darauf aufbauend werden die einsetzbaren Marketinginstrumente – Produkt-, Preis-, Distributions- und Kommunikationspolitik – festgelegt.

---

[132] Vgl. Becker, Konzeptionelle Grundfragen, 1996, S. 21.
[133] Becker, Konzeptionelle Grundfragen, 1996, S. 21.
[134] In Anlehnung an Brooksbank, Positioning Strategy, 1994, S. 11.

2.1.1. Basisentscheidungen der Positionierung

Positionierung setzt zunächst Unternehmens- und daraus abgeleitet Marketingziele voraus.[135] Auf Basis dieser Marketingziele werden, unter Einbeziehung der Kunden und Wettbewerber, Strategien festgelegt.[136] Die daraus resultierende Definition der Wettbewerbsvorteile ist für den Fondsinitiator Basis der operativen Entscheidungen und dient als Grundlage bei der Abstimmung des Marketingmix.[137] Auf allen Ebenen werden somit positionsorientierte Entscheidungen getroffen, die auf den grundlegenden Unternehmensentscheidungen beruhen. „The first stage in developing the [...] strategic positioning [...] is the establishing of the organization's mission statements."[138] Derartige Zielvisionen sollten bereits entscheidende Konsumentenbedürfnisse ansprechen.[139]

Zunächst sind die grundsätzlichen Wertvorstellungen des Unternehmens gegenüber den externen und internen Anspruchsgruppen festzulegen. Dem folgen Entscheidungen über die Unternehmensmission, dem Zukunftsauftrag für das Unternehmen (Tabelle 15).

Zentrale Fragestellungen der Unternehmensmission		
Fragestellungen	*Missionsdeterminanten*	*Beispiele*
Warum gibt es uns?	Rolle des Unternehmens in der Gesellschaft	Kundenbedürfnis nach Kapitalanlage
Was sind unsere Leistungen?	Leistungseigenschaften	High-Performance-Immobilien-Investments
Wofür stehen wir?	Qualität und Kompetenz	Expertise und gute Leistungsbilanz
Wo bieten wir unsere Leistungen an?	Marktgebiete / Investitionsgebiete	Deutschland / USA
Wen wollen wir ansprechen?	Kundengruppen	Performanceorientierte Anleger
Wie stellen wir uns dar?	Äußeres Erscheinungsbild / Corporate Identity	Professionelles Erscheinungsbild

Tabelle 15: Determinanten der Unternehmensmission[140]

Der Fondsinitiator Unternehmensgruppe Hahn determiniert bereits in seinem Unternehmensleitbild seine spezialisierte Marktbearbeitung. Des Weiteren werden Äußerungen zur vollständigen Abdeckung der Wertschöpfungskette in den avisierten Segmenten und zur Produktphilosophie getroffen (siehe Anhang).[141] Auch Initiator MPC Capital hat zentrale Punkte seines unternehmerischen Han-

---

[135] Vgl. Formatschek, Marketingberater, 1998, S. 28 ff.
[136] Vgl. Becker, Konzeptionelle Grundfragen, 1996, S. 13.
[137] Vgl. Brooksbank, Positioning Strategy, 1994, S. 11.
[138] Zineldin/Bredenlöw, Performance, 2001, S. 489.
[139] Vgl. Rudolph/Bauer, Profilieren, 1997, S. 48.
[140] Vgl. Bienert, Strategiefindung, 2004, S. 209.
[141] Vgl. Hahn-Immobilien-Beteiligungs AG (Hrsg.), Leistungsbilanz 2003, 2004, S. 14.

delns in der Unternehmensphilosophie dargestellt. „...Klarheit der Strategie, Transparenz der unternehmerischen Entscheidungen und Weitsicht in der Wahrnehmung von Marktchancen..."[142] bilden dabei eine Leitmaxime. Zur Zielsetzungen und Marktbearbeitung heißt es weiter: „...Die MPC Capital AG wird ihre Stellung als größter bankenunabhängiger Anbieter geschlossener Fonds in Deutschland konsequent ausbauen [...]. Dies wird durch zielgerichtetes partnerschaftliches Handeln erfolgen, bei dem Verlässlichkeit im Vordergrund steht."[143]

Eine weitere Bezugsebene der unternehmerischen Basisentscheidungen ist die Unternehmensvision. Diese fallen, im Gegensatz zu den Faktoren der Unternehmensmission im Marketingleitbild, prägnant aus. Die Vision kann sich in der Beantwortung folgender Teilfragen darstellen:[144]

- Wo müssen wir hin?
- Wie müssen wir uns weiterentwickeln?
- Wie können wir Existenz und Wachstum sichern?
- Wovon träumen wir?

Diese Visionen über die Zukunft des Unternehmens gilt es folgend in strategische Zielsetzungen zu integrieren. Derartige Ziele können bspw. Faktoren wie Anlegerzufriedenheit, Sicherung des Unternehmensbestandes, Wettbewerbsfähigkeit, Fonds- und Servicequalität, Gewinnerzielung, Kostenminimierung und Kundenloyalität sein. Sie haben also qualitativen und quantitativen Charakter.[145]

Erst mit der detaillierten Betrachtung der Wertvorstellungen, Unternehmensleitbilder, der Vision und der Zielvorstellungen wird für den Initiator die Voraussetzung für das konsequente und wirtschaftliche Handeln geschaffen. Dies bildet wiederum die Grundlage für eine erfolgreiche und konsistente Positionierung.

---

[142] MPC Capital AG (Hrsg.), Unternehmensphilosophie, 2004.
[143] Ebenda.
[144] Vgl. Becker, Marketing-Konzeption, 1998, S. 46.
[145] Vgl. Bienert, Strategiefindung, 2004, S. 226.

2.1.2. Schlüsselfaktoren der Positionierung

Zur Entwicklung einer Positionierungsstrategie bedarf es der möglichst umfassenden Kenntnis der Einflussfaktoren für den Produkterfolg. In die Betrachtung sollten Makro- und Marktumwelt[146] sowie die Ebenen Nachfrage und Wettbewerb integriert werden. Im Zusammenspiel mit den jeweiligen Ressourcen des Unternehmens ergeben sich Möglichkeiten der Positionierung und entsprechende Umsetzungsvarianten für die Instrumente der Profilierung auf operativer Ebene.

2.1.2.1. Analytische Basis

Die Positionierung als Teil des Marketing-Management-Prozesses erfordert zunächst die Analyse relevanter Märkte sowie der einhergehenden Rahmenbedingungen.[147] Des Weiteren bedarf es einer grundlegenden Analyse der Nachfrager, um produktimmanente Schlüsselfaktoren zu visualisieren.

2.1.2.1.1. Abgrenzung der relevanten Märkte

Die Betrachtung relevanter Märkte basiert auf der Annahme, dass ein Markt aus einzelnen Gruppierungen von Anbietern, Leistungen und Nachfragern besteht, die sich hinsichtlich bestimmter Kriterien unterscheiden. Dem zugrunde liegen Erkenntnisse aus der Meinungsfeldforschung. Der Eintritt eines Meinungsgegenstandes (Produktes/Unternehmens) in ein soziales Feld (Markt) bewirkt eine Ordnung der Personen (Nachfrager) entsprechend ihrer Beziehung zu polaren Merkmalen.[148]

Bei einer sachlichen[149] und nachfrageorientierten[150] Marktabgrenzung wird deutlich, dass geschlossene Immobilienfonds aufgrund ihrer Konstruktionsform dem Markt der unternehmerischen Beteiligungsmodelle zuzuordnen sind. Der Markt umfasst alle in Deutschland offerierten Beteiligungsformen, da diese aus Kundensicht als Konkurrenzprodukte angesehen werden können. Dennoch ist eine Teilmarktabgrenzung der Immobilienbeteiligungsmodelle möglich. Aufgrund der Spezifik des Investments in Immobilien können die geschlossenen Immobilienfonds als eine eigene Asset-Klasse betrachtet werden.

---

[146] Vgl. Mühlbacher/Dreher, Positionierung, 1996, S. 71 f.
[147] Vgl. Suckrow, Geschäftsfeld-Positionierung, 1996, S. 87.
[148] Vgl. Spiegel, Meinungsverteilung, 1961, S. 17 ff.
[149] Vgl. Suckrow, Geschäftsfeld-Positionierung, 1996, S. 88.
[150] Vgl. Backhaus, Investitionsgütermarketing, 1992, S. 151.

2.1.2.1.2. Rahmenbedingungen

Die Rahmenbedingungen für die Produktkategorie des geschlossenen Immobilienfonds determinieren den Produkt-Markt-Raum und lassen sich grundlegend in Bedingungen der Makro- und Mikroumwelt unterscheiden.[151] Der Ebene der Makroumwelt der Initiatoren geschlossener Immobilienfonds gehören ökonomische, sozio-kulturelle, politisch-rechtliche und technologische Determinanten an.[152] Die Mikro-Umwelt wird hingegen über all die Untersuchungssubjekte beeinflusst, mit denen das Unternehmen mittelbar oder unmittelbar interagiert. Dies sind Lieferanten, Abnehmer, Wettbewerber, Staat und sonstige Marktpartner.[153]

Makroumwelt

Ökonomische Rahmenbedingungen bei geschlossenen Immobilienfonds betreffen die Ebenen der jeweiligen Immobilienmärkte, Standorte und der Objekte. Der Wandel innerhalb der Immobilienmärkte ist erfolgswirksam hinsichtlich des Einkaufs von Objekten und wirkt sich damit auch auf die Konzeption von Fonds und deren Performance aus. Gleiches gilt für die Immobilienmarktzyklen und die wirtschaftlichen Rahmenbedingungen an den Investitionsstandorten. Zudem hat auch die Entwicklung in bestimmten Branchen maßgeblichen Einfluss auf die Fondsperformance. Dies betrifft die Vermietbarkeit bzw. die Bonität bestehender Mieter und damit das Objekt selbst.

Der politisch-rechtliche Aspekt äußert sich über Gesetze und Verordnungen. Relevant sind Regelungen, welche die Marktbearbeitung in den nationalen und internationalen Märkten beeinflussen.[154]

Maßgeblich für die Fondskonzeption sind die Ebenen des Steuer-, Privat- und des Gesellschaftsrechts. Sie greifen nicht nur beim Erwerb und der Herstellung der Immobilien sondern bestimmen vielmehr die Fondskonstruktion insgesamt. Die rechtlichen Rahmenbedingungen definieren damit im Wesentlichen die vertragsrechtlichen Beziehungen zwischen den beteiligten Partnern sowie externen Dienstleistern und determinieren im Speziellen die steuerrechtliche Konzeption.

---

[151] Vgl. Suckrow, Geschäftsfeld-Positionierung, 1996, S. 90.
[152] Vgl. Zerres/Rufo, Positionierung, 2003, S. 20 ff.
[153] Ebenda.
[154] Vgl. Suckrow, Geschäftsfeld-Positionierung, 1996, S. 91.

Sozio-kulturelle Rahmenbedingungen betreffen insbesondere den Wertewandel in der Gesellschaft. Zu vermarktende Anlageprodukte sind an kulturelle Bedürfnisse anzupassen.[155] Der Wertewandel beeinflusst im Bereich der geschlossenen Immobilienfonds vor allem die Anforderungen an die Beteiligungskonzepte. Die Initiatoren stehen zudem zunehmend besser informierten und anspruchsvolleren Anlegern gegenüber.[156] In der Konsequenz bedeutet dies ein höheres Erwartungsniveau bzgl. der Produktqualität, des Innovationsgrads und Problemlösungspotentials der Fondsprodukte. Weiterhin spielt der Aspekt der Expertise des Initiators eine bedeutende Rolle. Auch das Anlagekalkül hat sich in den letzten Jahren gewandelt. Vor dem Hintergrund steuerlicher Novellierungen steht die Rendite als Motiv der Investition im Vordergrund. In Anbetracht der zunehmend älteren Gesellschaft und des sukzessiven Abbaus der gesetzlichen Rentensicherung gewinnen Altersvorsorgeaspekte bei Investmententscheidungen ebenfalls stetig an Bedeutung.[157]

Technologische Rahmenbedingungen setzen vor allem Maßstäbe hinsichtlich der Anforderungen der Mieter an die Gebäudetechnik insgesamt (Heiz- und Klimatechnik, Kommunikation etc.). Eine hohe Vermietungsquote bzw. eine adäquate Anschlussvermietung kann nur dann erreicht werden, wenn das Objekt über die Fondslaufzeit dem state-of-the-art entspricht.

Mikroumwelt

Im Bereich der Lieferanten sind bei geschlossenen Immobilienfonds maßgeblich Partner bei der Akquisition von Objekten und der Erstellung der Fondskonzeption zu betrachten, da diese nachhaltig erfolgswirksam für den Fonds bzw. den Initiator sind. Ferner sind die Fremdkapitalgeber als Finanziers der Investition von Bedeutung. Im Bereich des Objekterwerbs interagiert der Initiator mit privaten, institutionellen und öffentlichen Bestandshaltern, Projektentwicklern sowie mit Maklerunternehmen. Unterstützende Leistungen innerhalb der Konzeption werden bspw. von Steuerberatungs- und Wirtschaftungsprüfungsgesellschaften und Anwaltssozietäten eingekauft. Auch während der Laufzeit des Fonds existieren Lieferantenbeziehungen. Bspw. beschäftigen zahlreiche Fonds, vor allem im Bereich der Auslandsinvestments, Managementgesellschaften, die eine hohe

---

[155] Vgl. Suckrow, Geschäftsfeld-Positionierung, 1996, S. 91.
[156] Vgl. Betz, Präsentation, 2004, S. 27.
[157] Vgl. Nowak, Immobilienanlagen, 2004, S. 17 ff.

Betreuungsqualität für das Objekt unter technischen, infrastrukturellen und kaufmännischen Aspekten (Facility Management)[158] gewährleisten sollen.

Die Abnehmer geschlossener Immobilienfonds sind zum einen die Fondszeichner und zum anderen die Vertriebe. Da die Anteile an Beteiligungsmodellen in der Regel nicht direkt vertrieben werden, kommt den Bank- und Drittvertrieben als Schnittstelle zwischen Initiator und Zeichner wesentliche Bedeutung zu. Bei der Analyse der Nachfrager ist somit auf die speziellen Rollen der verschiedenen Bezugsebenen abzustellen.

Als Wettbewerber sind sowohl die Initiatoren geschlossener Immobilienfonds als auch die Initiatoren anderer Fondskategorien zu betrachten. Eine Betrachtung des Gesamtmarktes ist notwendig, da sich die Wettbewerbsintensität durch eine zunehmende Marktkonzentration im Teilmarkt für geschlossene Immobilienfonds und ansteigende Marktkonkurrenz durch andere Beteiligungsmodelle verschärft.

Sonstige Marktpartner im Bereich der geschlossenen Fonds sind bspw. Ratingagenturen, Presse sowie weitere Anspruchsgruppen der Unternehmen. Diese beeinflussen das Fondsgeschäft nur mittelbar. Da es sich bei geschlossenen Immobilienfonds um ein sensibles High-Involvement-Produkt handelt, sind diese aber nicht zu unterschätzen. So können positive Ratings und Presseberichte den Absatz des Fondsproduktes durch die einhergehende Vertrauensbildung auf der Kundenseite stark unterstützen bzw. spielen augrund der Produktkomplexität im Entscheidungsprozess eine herausragende Rolle.[159]

Aus den Ergebnissen der Analyse der Rahmenbedingungen können die aus der Umwelt des Unternehmens und des Produktes resultierenden allgemeinen Chancen und Gefahren sowie die potentiellen Stärken und Schwächen abgeleitet werden. Diese gilt es, innerhalb der Unternehmensanalyse zu präzisieren, da sie die Basis für die Ermittlung erfolgswirksamer Schlüsselfaktoren der Positionierung bilden.[160]

---

[158] Zum Begriff des Facility Management siehe Pfnür, Immobilienmanagement, 2002, S. 54 ff.
[159] Vgl. Kaas, Marketing, 1995, S. 30.
[160] Vgl. Suckrow, Geschäftsfeld-Positionierung, 1996, S. 92.

2.1.2.2. Key-Positioning-Factors

Basis einer kundenorientierten, segmentspezifischen Marktbearbeitung sind die detaillierte Betrachtung von Marktspezifika sowie produktimmanente Dimensionen und Faktoren, „...anhand derer aus Sicht der Kunden [...] eine Positionierung des Geschäftsfelds vorgenommen werden kann."[161] Damit werden nach der Definition des allgemeinen Marktraumes nun die Eigenschaften des Produktes selbst fokussiert.[162] Notwendig ist neben der Erfassung der relevanten Dimensionen und Faktoren für geschlossene Immobilienfonds eine Bewertung dieser durch die Nachfrageseite. Grundlegend ist zu klären, welche Positionierungsalternativen es gibt, welche Positionierungsfaktoren den Markt für geschlossene Immobilienfonds im Einzelnen charakterisieren und wie diese methodisch identifiziert werden können. Nach der Erfassung der allgemeinen Positionierungsalternativen sind die Faktoren abzuleiten,[163] die diese charakterisieren. Es liegt die Annahme zu Grunde, dass für die Positionierung wenige, grundlegende erfolgswirksame Faktoren existieren. Diese werden als Key-Positioning-Faktoren (KPF) bezeichnet.[164]

Positionierungsalternativen	Key-Positioning-Faktoren
Besondere Produktattribute	Rendite
	Sicherheit
	Liquidität
Bestimmter Nutzen	Ausschüttung
	Steuerersparnis / Steuervermeidung
	Wertentwicklung / Werterhaltung / Inflationsschutz
	Portfoliodiversifikation
Bestimmte Anwendergruppen	Überdurchschnittliche Rendite (Renditeorientierter Anleger)
	Minimales Risiko (Sicherheitsorientierter Anleger)
	Misch-Strategie (Sicherheits- und Renditeorientierter Anleger)
Absetzung von der Produktklasse	Emotion / Innovation
	Expertise des Initiators
Sonstige	Bestimmte Nutzenanlässe
	Positionierung gegen andere Produkte

Tabelle 16: Beispielhafte Darstellung von Positionierungsalternativen und Key-Positioning-Faktoren

---

[161] Suckrow, Geschäftsfeld-Positionierung, 1996, S. 109. Vgl. auch Becker, Marketing-Konzeption, 2002, S. 248 f.
[162] Vgl. Meffert, Marketing, 2000, S. 353 ff.
[163] Dies erfolgt in Analogie zur Erfolgsfaktorenforschung bei Unternehmen. Vgl. hierzu Bürkner, Erfolgsfaktorenforschung, 1996, S. 9.
[164] Vgl. Suckrow, Geschäftsfeld-Positionierung, 1996, S. 112.

„Ein Key-Positioning-Faktor ist eine Einflussgröße, die für den Erfolg- oder Misserfolg der Positionierung von entscheidender Bedeutung ist. Key-Positioning-Faktoren können sowohl durch Merkmale des Geschäftsfeldes als auch durch seine Kunden oder Wettbewerber begründet sein."[165]

Investitionsentscheidungen werden von einer Mehrzahl von Gruppen beeinflusst. Daher ist es zunächst von Interesse Personen, Rollen und Funktionen in Zusammenhang mit der Konsumtion geschlossener Immobilienfonds zu analysieren.[166] Differenzierbar sind dabei die Einkäufer, Zeichner und sonstige Einflussgruppen (Tabelle 17).

Rollen im Verkaufsprozess geschlossener Immobilienfonds		
Gruppe	Beeinflussung	Beispiele
Einkäufer (Buyer)	Auswahl von Initiatoren bzw. Fondsprodukten	Bank / Vertrieb
Beeinflusser (Influencer)	Einflussnahme auf den Entscheidungsprozess	Berater, Medien
Entscheider (User)	Treffen der endgültigen Entscheidung über ein Fondsprodukt	Zeichner

Tabelle 17: Rollenverteilung im Verkaufsprozess bei geschlossenen Immobilienfonds

Bei geschlossenen Immobilienfonds lassen sich bei Betrachtung der Nachfrage zwei dominierende Bezugsebenen feststellen. Zum einen die Einkäufer der Fondsprodukte auf der Seite des Vertriebs, zum anderen die tatsächlichen Zeichner. In erster Instanz müssen Fondsprodukte den Anforderungen des Vertriebs entsprechen. Dies erfordert auf Initiatorseite entsprechende Marktkenntnis, gekoppelt mit einem stetigen Dialog. Da der Vertrieb der Fondsprodukte über initiatorfremde Vertriebsplattformen abgewickelt wird[167] fehlt i.d.R. der Kontakt zur eigentlichen Kundengruppe. Erkenntnisse über die Zeichner als originäre Kunden lassen sich somit bestenfalls nur über eine möglichst enge Kooperation mit den Distributionspartnern gewinnen. Auch die intermediäre Gruppe der Berater, als Bezugsebene im Absatz des Fondsprodukts ist nicht zu vernachlässigen. Diese übt im Fondsgeschäft maßgeblichen Einfluss auf die Entscheidung eines Zeichners für oder gegen ein bestimmtes Produkt aus.[168] Dies liegt daran, dass geschlossene Immobilienfonds aufgrund des hohen Involvements, ihrer rechtlichen Konzeption, steuerlichen Wirkung etc. ein sehr bera-

---

[165] Suckrow, Geschäftsfeld-Positionierung, 1996, S. 112.
[166] Vgl. Wentlandt, Positionierung, 1993, S. 45.
[167] Auch institutionell verknüpfte Unternehmen werden in diesem Kontext als initiatorfremd angesehen.
[168] Die Aussage basiert auf Erfahrungswerten im Beratungsgeschäft.

tungsintensives Produkt sind.[169] Der Einfluss der Berater gründet sich zudem auf das gewachsene Vertrauensverhältnis und auf die Tatsache, dass die Beratungsqualität maßgeblichen Einfluss auf die Produktwahrnehmung durch den Zeichner hat.[170]

Nach der Determinierung der relevanten Entscheidungsträger sind die Bedürfnisse, Ansprüche und Wünsche der Nachfrager zu ermitteln.[171] Im ersten Schritt sind die Produktanforderungen der Vertriebe zu betrachten. Diese können teilweise als Spiegelung der Kundenwünsche betrachtet werden.[172] Als wesentliche Kriterien lassen sich für ein Investment in geschlossene Immobilienfonds insbesondere Sicherheit[173] und eine marktübliche Rendite anführen. Sicherheit bedeutet in diesem Zusammenhang vor allem Inflationsschutz, Objektqualität, Mieterbonität[174] und Minimierung von Währungsrisiken. Des Weiteren spielen Aspekte wie der Innovationsgrad von Fondskonstruktionen und -konzepten eine herausragende Rolle.[175] Bewertungskriterien für die Ebene der Initiatoren ergänzen die Produktanforderungen. Von Bedeutung sind insbesondere Erfahrung, Leistungsbilanz, die Aussagefähigkeit der Geschäftsberichte, die Bonität der Fondsgesellschaft sowie die Qualität der Investoren- und Vertriebsbetreuung.[176]

Die Bedürfnisse der Kunden können von den Anlagemotiven und deren Ausprägungen abgeleitet werden. In Anlehnung an das klassische Dreieck der Vermögensanlage bilden diese Motive Subkategorien von Rendite, Sicherheit und Liquidität. Rendite umfasst demnach Ausschüttung, Wertentwicklung, Steueroptimierung, Kostenstruktur sowie u.U. auch Währungsdiversifikation in Form von Währungsgewinnen bei Auslandsinvestments.[177] Sicherheit als Anlagekalkül äußert sich über die Merkmale Inflationsschutz, Diversifikation, Minimierung von Währungsrisiken, die Qualität des Investments und Initiators. Die Liquidität als Ziel der Vermögensanlage wird im Markt geschlossener Immobilienfonds wiederum über die Faktoren Mindestbeteiligungssumme, Laufzeit,

---

[169] Vgl. Schramm, Kaufverhalten, 2002, S. 132.
[170] Zur Qualitätswahrnehmung bei der Anlageberatung siehe Zuber, Qualitätswahrnehmung, 2005.
[171] Vgl. Wentlandt, Positionierung, 1993, S. 45.
[172] Vgl. dazu Ambrosius, Experteninterview, 12.07.2005 (siehe Anhang).
[173] Vgl. Ley, Präsentation, 2004, S. 19; Graeber, Präsentation, 2004, S. 4.
[174] Vgl. Trispel, Kurzinterview, 2005.
[175] Vgl. Wenker, Präsentation, 2004, S. 58; Heidrich/Wiegand, Markttrends, 2004, S. 11 f.
[176] Vgl. Burkhardt, Qualitätskriterien, 2004, S. 38.
[177] Vgl. dazu Gerber, Experteninterview, 12.07.2005 (siehe Anhang).

Zweitmarktpolitik und Exit-Möglichkeiten (z.B. in Notsituationen) abgebildet. Das Anlageziel der Verwaltbarkeit[178] bzw. die Handhabbarkeit kann in Anbetracht des, im Vergleich zur Direktinvestition, geringen organisatorischen Aufwandes weitgehend vernachlässigt werden.

Die Relevanz der o.g. Faktoren wird durch die jeweilige Anlagesituation in Form von persönlichen, beruflichen und steuerlichen Gegebenheiten auf Anlegerseite und Umweltbedingungen politischer, rechtlicher und sozialer Natur beeinflusst. Zudem sind die Anlegertemperamente (von konservativ bis spekulativ), kognitiver Stil des Anlegers und Präferenzen (bspw. in Form von Beratungsinteresse und Serviceanspruch) von Bedeutung.[179]

Anlagecharakteristik / Rendite vs. Risiko			
Sicherheit		**Rendite**	
Inflationsschutz		Ausschüttung	
Minimierung von Währungsrisiken		Steuerwirkung	
Handhabbarkeit		Wertzuwachs	
Diversifikation	• Vermögensdiversifikation	Kostenstruktur	
	• Mehr-Objektfonds	Währungsdiversifikation	
Qualität des Investments	• Objektqualität	**Sonstige**	
	• Mietvertragslaufzeit	Produktinnovation	
	• Mieterbonität	Emotion	
	• Standortqualität	Zusatznutzen	
	• Kaufpreisfaktor		
Initiatorqualität	• Image		
	• Leistungsbilanz		
	• Erfahrung / Expertise		
Liquidität			
Fungibilität	• Laufzeit		
	• Mindestbeteiligungshöhe		
	• Zweitmarkt		
	• Vorzeitige Exit-Möglichkeit		
Altersvorsorge			
Ausschüttung			
Wertzuwachs			
Inflationsschutz			
Sonstige Sicherheiten			
Risikoscheu	**Anlegermentalität / - temparament**		**Risikoaffin**

Tabelle 18: Präferenzen / KPF bei Investments in geschlossene Immobilienfonds[180]

---

[178] Vgl. Trotha, Immobilie als Kapitalanlage, 2003, S. 10.
[179] Vgl. Sondermann, Investmentfondsanlagen, 2001, S. 128 ff; Steul, Risikoverhalten, 2003, S. 204 f.
[180] Vgl. Boutonnet/Loipfinger, Geschlossene Immobilienfonds, 2004, S. 76 f; o.V., Nische, 2005, S. 9.

Zur empirischen Verifizierung möglicher KPF (Tabelle 18) ist eine dreistufige Vorgehensweise möglich. In einer ersten Stufe gilt es, zunächst mögliche Schlüsselfaktoren der Positionierung zu identifizieren. Anschließend sind in einer zweiten Stufe die Faktoren in Interaktion mit den Kunden zu bestimmen und zu diskutieren, die einen direkten Einfluss auf das Auswahlverhalten für Fondsprodukte haben könnten. Praktikabel ist in diesem Zusammenhang die Befragung von sog. Focus-Groups. Der Dialog beschränkt sich u.a. aufgrund zeitlicher und kostentechnischer Restriktionen dabei i.d.R. auf ausgewählte aktuelle und potentielle Kunden sowie Experten.[181] Um schließlich belastbare Kenntnisse über die Anforderungen des Zielmarktes zu erhalten, sind die entsprechenden Positionierungsfaktoren in einer dritten Stufe durch die Nachfrager zu bewerten.[182] Dabei ist zu überlegen, ob den Bewertungen strategisch wichtiger Kunden (-gruppen) über eine festzulegende Gewichtung besonderer Stellenwert beigemessen werden sollte.[183]

Mit der Ableitung und Verifizierung der KPF wird für den Initiator folgend ersichtlich, mit welchen Optionen eine zukünftig erfolgreiche Positionierung darstellbar ist.[184] Allerdings erfordert dies die Gegenüberstellung der Schlüsselfaktoren mit den Fähigkeiten der Wettbewerber und den internen Gegebenheiten.

2.1.2.2.1. Ebene des Wettbewerbs

Zentrale Zielsetzung der Wettbewerbsanalyse ist für den einzelnen Initiator, eine nachhaltige Differenzierung des eigenen Unternehmens von den Konkurrenten zu realisieren. Dadurch sollen dauerhafte Wettbewerbsvorteile in den einzelnen Kundensegmenten ermöglicht werden.[185] Die Chancen zur Differenzierung resultieren aus einer klaren Vorstellung über die Wettbewerbslage sowie Kenntnis der eigenen Stärken und Schwächen gegenüber den Konkurrenten. Auf der Ebene des Wettbewerbs sind aktuelle und potentielle Mitbewerber zu bestimmen und zu analysieren sowie vorhandene Markt- und Wettbewerbsstrukturen nachzuvollziehen.

---

[181] Vgl. Suckrow, Geschäftsfeld-Positionierung, 1996, S. 113.
[182] Technisch können bspw. die direkte Skalierung, Paarvergleiche und das Conjoint Measurement Anwendung finden.
[183] Vgl. Suckrow, Geschäftsfeld-Positionierung, 1996, S. 115.
[184] Vgl. Suckrow, Geschäftsfeld-Positionierung, 1996, S. 116.
[185] Vgl. Wentlandt, Positionierung, 1993, S. 112 f.

Aktuelle und potentielle Wettbewerber

Ein bewährter Ansatz zur Identifikation direkter Konkurrenten ist das Konzept der sogenannten evoked sets. Ein solches Set umfasst eine Auswahl von Anbietern, die ein Konsument während des Kaufentscheidungsprozesses bewusst in die Menge seiner engeren Entscheidungs- und Handlungsalternativen integriert.[186] Für den Markt können dies alle Initiatoren geschlossener Immobilienfonds sein, da die Zahl der Anbieter im Vergleich zur Konsumgüterindustrie sehr gering ist. Denkbar ist aufgrund der hohen Marktkonzentration auch eine Beschränkung auf die Hauptakteure im Markt oder auf mit dem eigenen Unternehmen vergleichbare Konkurrenten.

Positionierungsprofil der Wettbewerber

Bei der Analyse der Konkurrenten ist es zweckmäßig auf solche Daten zurückzugreifen, die auch im Rahmen der internen Unternehmensanalyse erhoben werden. Dies garantiert die Vergleichbarkeit der Ergebnisse.

Für ein erfolgreiches Management der Differenzierung ist es dabei erforderlich, die Wettbewerbssituation aus Sicht des Kunden zu analysieren. Hintergrund bilden Probleme, Nutzenerwartungen und Bedürfnisse. Diese sind gleichzusetzen mit den bereits ermittelten Key-Positioning-Faktoren, da die KPF die zentralen erfolgswirksamen Determinanten der Produktausgestaltung darstellen.

Wettbewerbsdaten	Mittel
Stärken- und Schwächen	Allgemeiner Vergleich
	Kennzahlenvergleiche zu Begründung des Erfüllungsgrads von Key-Positioning-Faktoren
	Betrachtung der Ressourcenausstattung
Ziele	Zufriedenheitsgrad bzgl. Marktstellung, Gewinnsituation und Wachstumsaussichten
Strategien	Abschätzung zukünftiger Strategiealternativen / Positionierung
Wertkette	Offenlegung der Ursache für Erfüllungsgrad von KPF
	Potentialbetrachtung

Tabelle 19: Analysefaktoren für die zukünftige Position von Wettbewerbern[187]

Die Leistungsbeurteilung erfolgt durch eine direkte Kundenbefragung. Denkbar sind Skalenmessungen oder Paarvergleiche, kausalanalytische Methoden sowie das Conjoint Measurement. Maßgabe ist lediglich die Ermöglichung komplexer

---

[186] Vgl. Wentlandt, Positionierung, 1993, S. 113.
[187] Vgl. Suckrow, Geschäftsfeld-Positionierung, 1996, S. 124 f.

statistischer Auswertungen.[188] Darauf basierend werden Stärken, Schwächen und die relative Wettbewerbsposition ersichtlich.[189] Bei Integration der Gewichtung der entsprechenden KPF durch die Nachfrager ergeben sich neben dem Erfüllungsgrad auch erste Hinweise zur anzustrebenden Positionierung. Daneben erfordert die Darstellung des Positionierungsprofils der Wettbewerber auch Kenntnisse über deren zukünftige Fähigkeiten, die KPF zu erfüllen.[190] Dies erfordert i.d.R. Einblick in die Stärken und Schwächen, Ziele und Strategien sowie in die Wertkette des Wettbewerbers (Tabelle 19). Erst damit lassen sich Rückschlüsse über mögliche Reaktions- und Verhaltensmuster ziehen (Abbildung 22).

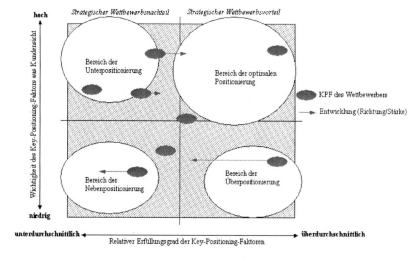

Abbildung 22: Trend-Matrix der Key-Positioning-Faktoren[191]

Die Matrix der Entwicklung der Key-Positioning-Faktoren visualisiert alternative, zukünftige Positionierungen der Wettbewerber. Sie resultieren aus den internen Gegebenheiten und damit deren Reaktionsfähigkeit.[192] Neben Aussagen zur Positionierung der Wettbewerber ermöglichen die durchgeführten Analysen ein Aufdecken anzustrebender Positionierungslücken für den Initiator. Die Erreich-

---

[188] Vgl. Suckrow, Geschäftsfeld-Positionierung, 1996, S. 122 f.
[189] Vgl. Wentlandt, Positionierung, 1993, S. 116 f.
[190] Vgl. Suckrow, Geschäftsfeld-Positionierung, 1996, S. 121.
[191] In Anlehnung an Suckrow, Geschäftsfeld-Positionierung, 1996, S. 126.
[192] Vgl. Suckrow, Geschäftsfeld-Positionierung, 1996, S. 126 f.

barkeit dieser Positionierungspotenziale hängt allerdings von dessen interner (Kompetenz-)Aufstellung ab.

2.1.2.2.2. Interne Unternehmensanalyse

Ziel der internen Analyse ist es, Handlungsmöglichkeiten und Spielräume in Zusammenhang mit der Erbringung von Kundennutzen in den bereits festgelegten, zu avisierenden Kundensegmenten festzustellen.[193] Maßgaben für die Positionierung der Fondsprodukte des Initiators sind nicht nur die kunden- und wettbewerbsbezogenen Aspekte, sondern auch die Koordination der eigenen Ressourcen. Daher sind das Positionierungsprofil, Erfüllungsgrade der KPF sowie die Fähigkeiten zu deren Umsetzung zu fokussieren.[194]

Erfüllungsgrad der Positionierungsfaktoren

Der Erfüllungsgrad bestehender KPF auf der Unternehmensseite wird, analog zur Analyse der Wettbewerber, mittels Befragung aktueller und potentieller Kunden ersichtlich. Zur Gewährleistung eines direkten Vergleichs mit den Wettbewerbern ist es notwendig, neben dem gleichen Fragekatalog eine identische Befragungstechnik zu nutzen. Mit den Daten zur Gewichtung einzelner Faktoren und deren Erfüllungsgrad lässt sich für die Produkte des Initiators erneut eine Matrix der KPF aufstellen. Im Vergleich mit den Erkenntnissen aus der Wettbewerbsanalyse ist nun die Relation zwischen dem eigenen Unternehmen und bspw. seinen stärksten Mitbewerbern darstellbar. Dies hat den Vorteil, dass die Betrachtung des eigenen Geschäftsfelds nicht isoliert vom Wettbewerb erfolgt. Damit ist ein reflektierter Rückschluss auf die Kompetenzen des eigenen Unternehmens möglich. Der Erfüllungsgrad der Kundenanforderungen zeigt auf, in welchen Bereichen der größte Handlungsbedarf für eine Verbesserung der individuellen Aufstellung besteht.[195] Zusätzliche Informationen resultieren aus der Gegenüberstellung der Gewichtung der einzelnen KPF aus Sicht des Managements und aus Sicht der Kunden. Hiermit werden mögliche Diskrepanzen und damit Notwendigkeiten einer Repositionierung des Unternehmens ersichtlich.

Fähigkeiten des Unternehmens

Erst eine Beurteilung der internen Situation ermöglicht Aussagen darüber, ob das Unternehmen überhaupt befähigt ist, bestehende gegenwärtige Leistungslü-

---

[193] Vgl. Wentlandt, Positionierung, 1993, S. 155.
[194] Vgl. Suckrow, Geschäftsfeld-Positionierung, 1996, S. 127.
[195] Vgl. Suckrow, Geschäftsfeld-Positionierung, 1996, S. 128.

cken zu schließen und welche Alternativ-Positionierungen darüber hinaus betriebswirtschaftlich sinnvoll und realisierbar sind.[196] Im Ergebnis ist eine Strategie zu selektieren, die vorhandene Ressourcen möglichst effektiv nutzt.[197] Unter Berücksichtigung der Korrelationskette zwischen Kaufmotiven, Key-Positioning-Faktoren und den erforderlichen Kompetenzen erscheint die Analyse der Wertkette notwendig. Grundannahme für die Anwendung der Wertkettenanalyse ist, dass die Fähigkeit zur Umsetzung der Key-Positioning-Faktoren und damit die Erlangung von Wettbewerbsvorteilen maßgeblich von den bestehenden Wertschöpfungsstrukturen abhängt (Tabelle 20).

			Aktivitäten der Wertkette				
			Objekt-Akquisition	Fonds-Konzeption	Marketing & Vertrieb	After-Sales-Service	Vermietungs-Management
Key-Positioning-Factors	K.O.-Kriterien	Marktrendite	*	*			
		Basissicherheit	*	*			
	Initiator	Leistungsbilanz	*	*	*		
		Image	(*)	(*)	*	(*)	
		Expertise	*	*	*	*	*
		CRM				*	
	Rendite	Ausschüttung	*	*			
		Steuerwirkung		*			
		Währungsdiversifikation		*			
		Kostenstruktur	*	*	*		
	Sicherheit	Währungsrisikohedging		*			
		Fungibilität / Zweitmarkt		*			
		Inflationsschutz		*			
		Laufzeit des Fonds	*	*			
		Objektqualität	*				
		Bonität des Mieters		*			
		Standortqualität	*				
	Innovation	Standorte	*	*			
		Nutzungsarten	*	*			
		Objektqualität	*	*			
		Service	*	*			
		Emotion	*	*	*		

* unmittelbarer Einfluss; (*) mittelbarer Einfluss

Tabelle 20: Beziehungen zwischen Wertaktivitäten und KPF bei geschlossenen Immobilienfonds

---

[196] Vgl. Suckrow, Geschäftsfeld-Positionierung, 1996, S. 128 f.
[197] Vgl. Kluza/Blecker, Wettbewerbsstrategien, 2000, S. 37.

Offen bleibt allerdings, welche Faktoren mit der bestehenden Wertschöpfungsstruktur umgesetzt werden können. Eine Bewertung der einzelnen Wertkettenmitglieder ist somit unumgänglich. Diese kann auf zweierlei Weise erfolgen. Mittels Kennzahlen lässt sich der relative Anteil der einzelnen Wertaktivitäten am gesamten Ressourcenbedarf bzw. an der Wertschöpfung bestimmen. Durch Experteneinschätzungen ist es zudem möglich, eine qualitative Gewichtung einzelner Aktivitäten vorzunehmen.[198] Nach Gewichtung der einzelnen Glieder der Wertkette und Aufschlüsselung ihrer Teilaktivitäten ergeben sich Strukturbilder über die gegenwärtige Gestaltung der Wertaktivitäten insgesamt. Um die Wettbewerbsebene nicht zu vernachlässigen, ist es empfehlenswert, die Wertkette der Konkurrenten in die Betrachtung zu integrieren. Damit lassen sich qualitative Aussagen darüber treffen, welche Wertschöpfungsstrukturen sich besonders zur Durchsetzung bestimmter KPF eignen.

2.1.2.2.3. Segmentierung der Nachfrageebene

Die gewonnenen Daten und Informationen aus der Analyse der Positionierungsfaktoren ermöglichen dem Initiator eine Segmentierung der Nachfragerebene. Damit werden entsprechende Kundenpositionen innerhalb der Segmente des Teilmarktes der geschlossenen Immobilienfonds ersichtlich.[199]

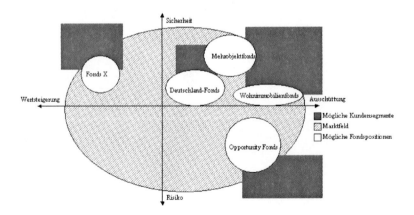

Abbildung 23: Mögliche Marktsegmente und Positionierungen

---

[198] Vgl. Suckrow, Geschäftsfeld-Positionierung, 1996, S. 132 f.
[199] Vgl. Wentlandt, Positionierung, 1993, S. 45.

Durch die vorangegangene Betrachtung der Wettbewerber und des eigenen Unternehmens wird zudem eine Integration der Marktsituation möglich. Ferner lassen sich Distanzen zwischen Produkt- und Kundenpositionen visualisieren (Abbildung 23).[200]

Auf Basis der Präferenzstrukturen ergeben sich für den Initiator unter anderem folgende beispielhafte Segmentierungsansätze. Zum einen kann der renditeorientierte, risikofreudige Anleger fokussiert werden. Dieser präferiert Anlagen mit hohen Renditechancen bei gleichzeitiger Akzeptanz damit einhergehender Risiken. Demgegenüber nimmt ein risikoaverser Anleger für die Erfüllung seines Sicherheitskalküls Renditeabschläge in Kauf. Die beiden Anlegertypen stellen zwei gegensätzliche Extrempositionen im Anlegerspektrum dar. Denkbar sind somit auch Anleger die ein Investment mit einem ausgewogenen Rendite-/Risikoprofil favorisieren.[201] Dieser nutzentypische Segmentierungsansatz kann durch demographische Daten, z.B. zur Altersstruktur ergänzt werden. Darin kann sich bspw. die Tendenz zur Sicherheitsfokussierung mit steigendem Alter oder die Präferenz von Frauen für risikoärmere Investments widerspiegeln.[202]

Dem Schritt der Segmentierung folgt die Auswahl entsprechender Zielsegmente. Diese determinieren letztlich den Aktionsradius der Positionierung für den Initiator und sind abhängig von der unternehmensinternen Aufstellung.[203] Grundsätzlich sind die gewonnen Segmentierungsdaten anhand folgender Kriterien zu prüfen:

- Relevanz für das Fonds-Kaufverhalten
- hohe Homogenität innerhalb der gebildeten Cluster
- hohe Heterogenität zu anderen (angrenzenden) Clustern[204]
- Möglichkeit spezifischer Marketingmaßnahmen / selektive Erreichbarkeit
- Messbarkeit von Merkmalen, Eigenschaften und Verhaltensweisen
- zeitliche Stabilität

---

[200] Vgl. Meffert, Marketing, 2000, S. 354.
[201] Zum Verhältnis von Risiko-Nutzenfunktion und Erwartungsnutzen einer Anlage siehe beispielhaft Breuer/Gürtler/Schuhmacher, Portfoliomanagement, 1999, S. 55 ff.
[202] Vgl. Sinus Sociovision GmbH (Hrsg.), Psychologie, 2004, S. 5 ff.; Springer (Hrsg.), Märkte, 2001, S. 56.
[203] Vgl. Horn, Zielgruppenbestimmung, 1996, S. 46.
[204] Vgl. Kotler, Marketing, 1999, S. 345 ff.

Voraussetzung ist auch die Bestimmung der Segmentattraktivität. Anlegbare Kriterien sind u.a. Marktgröße, Marktwachstum, Wettbewerbsstärken aber auch die Fähigkeiten des Unternehmens, entsprechende Zielsegmente erfolgswirksam zu bedienen.[205] Mittels Scoring wird eine Evaluierung betrachteter Segmente möglich.[206] Die Gefahr einer zu subjektiven Beurteilung ist minimierbar durch Integration von Best- und Worst-Case-Szenarien.[207]

Auf Basis der durchgeführten Analysen zum Wettbewerb, zum Unternehmen und zu den Nachfragern sind nun Aussagen über die eigene Positionierung, die Positionierungen von Wettbewerbern sowie anzustrebende Positionierungslücken möglich. Dem folgen Entscheidungen über die Beibehaltung bzw. die Um- oder Neupositionierung.[208] Zudem geben die Ergebnisse Aufschluss darüber, welche Position für das Unternehmen wirtschaftlich realisierbar ist. Dem Selektionsprozess der Positionierungsrichtung folgt die operative Umsetzung.[209]

2.2. Operative Umsetzung der Positionierungsstrategie

Da die festgelegte Positionierungsstrategie i.d.R. zahlreiche Optionen des Instrumenteneinsatzes offen lässt, ist für ein konsistentes Marketing zunächst eine Leitplanung notwendig. Diese gewährleistet zum einen die Reduktion der Komplexität der Entscheidungen über den Marketingmix und ermöglicht eine Koordination der Marketinginstrumente.[210] Die Leitplanung ist über verschiedene Modelle möglich, dabei kommt vor allem dem Zonenmodell der Profilierung besondere Bedeutung zu.

2.2.1. Zonenmodell der Profilierung

Das Zonenmodell der Profilierung hat den Zweck, die im Vorfeld formulierten Ziele der Positionierung des Initiators mit konkreten Profilierungsmaßnahmen etappenweise und systematisch zu fundieren.[211]

---

[205] Vgl. Rasche, Marketing-Konzeption, 1992, S. 32.
[206] Vgl. Suckrow, Geschäftsfeld-Positionierung, 1996, S. 106 f.; Bienert, Strategiefindung, 2004, S. 17 ff.
[207] Vgl. Suckrow, Geschäftsfeld-Positionierung, 1996, S. 107.
[208] Vgl. Berndt, Marketing, 1995, S. 86 f.
[209] Vgl. Bienert, Strategiefindung, 2004, S. 18.
[210] Vgl. Tomczak/Roosdorp, Positionierung, 1996, S. 35.
[211] Vgl. Rudolph/Thomas, Profilieren, 1997, S. 50.

Operative Umsetzung der Positionierungsstrategie 55

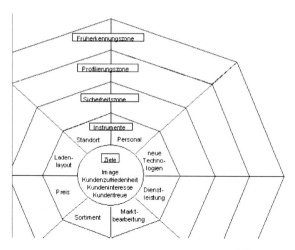

Abbildung 24: Zonenmodell der Profilierung (Ausschnitt)[212]

Den Kern bilden festgelegte Profilierungs- bzw. Positionierungsziele. Beispielhaft zu nennen sind Rendite, Sicherheit, Liquidität sowie zusatznutzenorientierte Elemente wie Innovation und Emotion. Zudem können unterstützende allgemeine Ziele wie die Verbesserung bzw. der Aufbau eines Unternehmensimages, Kundenzufriedenheit und Loyalität avisiert werden. Dem Modellkern angeschlossenen folgen die entsprechenden Instrumente, welche zur Erreichung der definierten Ziele notwendig sind.[213] Dies betrifft das produkt-, preis-, distributions- sowie kommunikationspolitische Instrumentarium.

Zur anschließenden Sicherheitszone gehören vom Kunden als selbstverständlich eingestufte und auch bei den Wettbewerbern verfügbare Leistungen. Das können auf der Produktebene K.O.-Kriterien wie bspw. eine marktübliche (Mindest-) Rendite, Aspekte der Sicherheit wie Standort-, Objekt- und Mieterqualität (-bonität) sein. Auf der Initiatorebene sind eine positive Leistungsbilanz sowie eine adäquate Koordination und Unterstützung des Vertriebs zu nennen. Die Erfüllung dieser Anforderungen wird durch die Distributoren i.d.R. vorausgesetzt.

Zur Profilierungszone gehören hingegen Maßnahmen, mit denen sich der Fondsinitiator von anderen Emittenten abheben kann. Denkbar sind hier Teilaspekte aus den Bereichen Rendite, Sicherheit und Liquidität, die sich vom durchschnittlichen Marktniveau deutlich differenzieren.

---
[212] In Anlehnung an Rudolph/Thomas, Profilieren, 1993, S. 55.
[213] Vgl. Wenzlau/Höfer/Siegert/Wohlrab, KundenProfiling, 2003, S. 108 f.

Rendite	Sicherheit	Liquidität	Nebenaspekte
Überdurchschnittlich hohe Ausschüttung	Gehedgtes Währungsrisiko	Kurze Laufzeit	Produktinnovation
Hohe Wertsteigerung	Besonders einfache Handhabbarkeit	Geringe Mindestbeteiligung	Zusatzdienstleistungen
Hohe Steuervermeidung durch DBA	Diversifikation durch Mehrobjektfonds	Aktive Zweitmarktpolitik	Emotion
Geringe Kostenstruktur	Besonders hohe Qualität des Investments	Möglichkeit des Exits	
Chance auf Währungsgewinne	Herausragende Qualität des Initiators		

Tabelle 21: Beispielhafte Maßnahmen in der Profilierungszone

Der Profilierungszone folgt im Modell die Früherkennungszone. Ihr gehören Leistungen bzw. Produktmerkmale an, welche bislang durch den Wettbewerb noch nicht offeriert, zukünftig von den Kunden (Zeichnern) aber nachgefragt werden könnten.[214] Vor allem Produktinnovationen in Form von Investitionen an bislang nicht bearbeiteten Standorten oder Anlagemöglichkeiten in neuartige Objekt- und Nutzungstypen bieten Potential zur Alleinstellung. Ferner können moderne Ansätze in der Konzeption bspw. in Bezug auf den Exit der Fondsobjekte (bspw. Einbringung in einen zukünftigen G-REIT) bzw. Anteilseigner von Bedeutung sein. Sofern vom Kunden wahrgenommen ist es dem Fondsinitiator möglich First-Mover-Advantages zu antizipieren.[215] Möglichkeiten der Differenzierung resultieren auch aus der Fokussierung von Zusatzleistungen. Die Investition in ein Customer Relationship Management bzw. in Kundenbindungsprogramme kann die angestrebte Positionierung wirksam unterstützen und bietet durch loyalitätsbedingte Wiederholungskäufe zudem die Möglichkeit der Absicherung im wettbewerbsintensiven Beteiligungsmarkt.

Mit dem Zonenmodell der Profilierung und den entsprechenden Profilierungsmaßnahmen wird es für den Initiator möglich, ein Soll-Profil zu determinieren. Unter Berücksichtigung der originären Ziele der Positionierung werden relevante Zonen des Profilierungsmodells festgelegt. Ein Fondsinitiator, der sich bspw. im Bereich Rendite positionieren möchte, wird eben diesen Bereich mit den entsprechenden Profilierungsmaßnahmen in der Früherkennungs- und Profilierungszone forcieren. Er könnte dann beispielhaft Investitionen mit marktüberdurchschnittlicher Ausschüttung, hohem Wertsteigerungspotential bzw. DBA-Engagements anstreben (Revitalisierungsprojekte / Opportunity-Funds) und/ oder Aspekte der Währungsdiversifikation fokussieren.[216]

---

[214] Vgl. Rudolph/Thomas, Profilieren, 1997, S. 51 ff.
[215] Siehe dazu auch Sofka/Schmidt, first mover, 2004.
[216] Vgl. dazu Gerber, Experteninterview, 12.07.2005, (siehe Anhang).

Sicherheit und Liquidität würden hingegen auf die Maßgaben der Sicherheitszone im Modell beschränkt. Die Sicherheitsaspekte der Investmentqualität und Determinanten der Liquidität wie bspw. die Fondslaufzeit sowie die Höhe der Mindestbeteiligung könnten dann dem durchschnittlichen Marktniveau entsprechen. Mit der Festlegung der Profilierungsintensität für alle Bereiche entsteht damit ein Gesamtprofil.

2.2.2. Instrumentelle Umsetzung der Profilierung

Nach Festlegung der Leitplanung für das operative Fondsgeschäft sind geeignete Profilierungsmaßnahmen in Form operativer Elemente zu selektieren.[217] Die Basis bilden hier die vier Bezugsebenen des Marketingmix – Produkt-, Preis-, Distributions- und Kommunikationspolitik.[218] Diese gilt es aufeinander abzustimmen, da sie durch zahlreiche Verflechtungen, sowohl inhaltlicher als auch zeitlicher Art, geprägt sind.[219] Neben der Synchronisation der Profilierungsbereiche hat die Anwendung des Profils konstant über einen längeren Zeitraum zu erfolgen. Bei Inkonsistenzen innerhalb des Marketingmix würden andernfalls auf Nachfrageseite Verunsicherungen entstehen.[220]

2.2.2.1. Produktpolitik

Innerhalb des Leistungsangebots ist zunächst zu untersuchen, welche konkreten Bedürfnisse bei den gegenwärtigen und potentiellen Kundengruppen existieren. Innerhalb der Analyse sind das individuelle Leistungsprogramm des Initiators und entsprechende Problemlösungsfähigkeiten zu integrieren. Je nach Fokussierung des durch die Positionierung festgelegten Marktsegmentes greifen verschiedene Einzelmaßnahmen der Produktpolitik.[221] Diese lässt sich für die geschlossenen Immobilienfonds in zahlreiche beispielhafte Einzel-Dimensionen zerlegen. Bezogen auf die Wertkette der Initiatoren betrifft dies maßgeblich die Aktivitäten von Akquisition und Fondskonzeption.

Bereits der Objekterwerb beeinflusst die spätere Fondsrentabilität. Durch den Preis der Fondsimmobilie(n) sowie die Kosten von Akquisition und Konzeption werden sowohl zukünftige Ausschüttungen als auch Wertsteigerungspotentiale

---

[217] Vgl. Tomczak/Reinecke, Positionierung, S. 503.
[218] Vgl. Gartner, Immobilienwirtschaft, 1997, S. 283; Falk, Immobilien-Marketing, 1997, S. 211 ff.
[219] Vgl. Spinnarke, Trading-up, 1994, S. 30 f.
[220] Vgl. Rudolph/Thomas, Profilieren, 1997, S. 54 ff.
[221] Vgl. Bekier, Marketing, 1998, S. 318 f.

definiert.[222] So ist es bspw. bei Vermeidung von internen und externen Verflechtungen zwischen Veräußerer, Initiator, Makler-, Consulting- sowie Wirtschaftsprüfungs- und Steuerberatungsgesellschaft möglich, durch ein marktgerechtes Pricing eine höhere Gesamtrendite zu erzielen und an den Anleger weiterzugeben.[223] Die Objektqualität bildet die Grundlage für die Höhe des Mietniveaus. Dies garantiert zusammen mit der Nutzungsflexibilität einen nachhaltig hohen Vermietungsstand, welcher dem Sicherheitskalkül der Anlage und nachhaltigen Performanceaspekten zuzuordnen ist. Zu den mit dem Erwerb fixierten Sicherheitsaspekten gehören ferner die Charakteristika des Objektstandortes vor allem in der Qualität der Makro- und Mikroumgebung. Zudem stehen zu diesem Zeitpunkt i.d.R. Hauptmieter, Mietermix, die entsprechenden Mietvertragszeiträume und die Bonitäten bereits fest. Aufgrund der hohen Erfolgswirksamkeit sind dies maßgebliche Sicherheitsaspekte.[224] Auch Nebendeterminanten wie Emotionalisierung und Innovation werden bereits mit dem Objekterwerb festgelegt. Dies betrifft in erster Linie die Objektauswahl. Über Lokalaspekte und die äußerliche Objektbeschaffenheit eröffnen sich schon in dieser Phase Möglichkeiten der Anlegerfokussierung. So ist es dem Initiator Fundus gelungen mit Objekten wie dem Adlon in Berlin und Heiligendamm einmalige Immobilien mit Kulturgut-Charakter an den Markt zu bringen.[225]

Durch die Fondskonzeption wird die Art der (steuerrechtlichen) Konstruktion (Vermietungs- / Betreibermodell) und die gesellschaftsrechtliche Form (i.d.R. als Kommanditgesellschaft) bestimmt. Zudem werden in der Phase der Konzeption auch Determinanten zur Diversifikation (Ein- und Mehrobjektfonds), Fremdkapitalhöhe, Fondslaufzeit, Mindestbeteiligung, zum Fondsvolumen sowie zur Exitstrategie etc. fixiert. Diese beeinflussen die Faktoren Rendite, Sicherheit und Liquidität maßgeblich.

Konzeptionelle Sicherheitsmerkmale geschlossener Immobilienfonds wie zum Beispiel Mietgarantien verlieren im Markt zunehmend an Bedeutung. Die Initiatoren sind aufgrund der Gefahr zukünftiger finanzieller Belastungen dazu übergegangen, diese Sicherheitsvehikel durch eine gute Objektselektion[226] zu kom-

---

[222] Vgl. Unterreiner, Geschlossene Immobilienfonds, 2002, S. 3. Siehe dazu auch Kapitel 2.2.2.2., S. 59.
[223] Vgl. Loomann, Geschlossene Immobilienfonds, 2004, S. 20.
[224] Vgl. Engels, Drum prüfe, 2002, S. 18.
[225] Siehe dazu Kapitel 3.1.2.1., S. 73.
[226] Dies umfasst u.a. die Qualität der Lage, die Mieterbonität und die Länge der Mietvertragslaufzeiten.

pensieren.[227] Gegen derartige Garantieleistungen spricht auch die daraus resultierende „Verteuerung" des Objektes[228] und der Charakter der renditeorientierten Fonds.[229]

Produktpolitische Maßnahmen prägen auch nach der Platzierung die Qualität des Investments. Dies äußert sich bspw. über das Vermietungs- und Objektmanagement. Um die prognostizierte Rendite zu erfüllen, muss ein nachhaltig hoher Vermietungsstand der Immobilie gewährleistet werden. Dem produktpolitischen Instrumentarium sind auch die aktive Zweitmarktpolitik und die Möglichkeiten der Anteilsrückgabe in Notsituationen zuzuordnen. Damit können Präferenzen für die Anlagemotive Liquidität und Sicherheit fokussiert werden.

2.2.2.2. Preispolitik

Die preispolitischen Gestaltungsmöglichkeiten bei den Initiatoren geschlossener Immobilienfonds sind auf den ersten Blick sehr beschränkt. Bislang findet der Wettbewerb in diesem Marktsegment nicht über Preise in der Art einer offensichtlich, flexiblen Gestaltung der Höhe des Agio, von internen und externen Provisionen sowie anderer weicher Kosten statt. Ursächlich hierfür ist, dass bereits in der Produktpolitik entscheidende Festlegungen hierzu getroffen werden. Dies gilt in diesem Zusammenhang insbesondere auch für die Höhe der Mindestbeteiligung.[230]

Der preispolitische Spielraum für die genannten Pricing-Elemente hängt in starkem Maße von der internen Kostenstruktur, dem Gewinnstreben des Initiators selbst sowie den Anforderungen der Vertriebe (bzgl. Provisionshöhe) ab. In die Dimension der Preispolitik sind auch die Höhe der Ausschüttung und die steuerliche Wirkung/Konzeption einzuordnen. Sie wird jedoch ebenfalls extern, innerhalb der Produktpolitik determiniert und ist durch das Pricing kaum beeinflussbar.

Ein wesentliches Element der Preispolitik ist, wie bereits angeführt, die Höhe der Mindestbeteiligung. Sie bestimmt sich indirekt über die Kostenstruktur aber auch über den Charakter des Investments selbst. Der Preis pro Anteil bestimmt sich i.d.R. über die Ratio der (fixen) Weichkosten geschlüsselt auf den jeweiligen Einzelanteil. Zu kleine Fondssplittings führen dazu, dass der Kostenanteil zu

---

[227] Vgl. Bomke, Mietgarantien, 2005, S. 3.
[228] Vgl. dazu Hennig, Experteninterview, 11.07.2005, (siehe Anhang).
[229] Vgl. dazu Gerber, Experteninterview, 12.07.2005, (siehe Anhang).
[230] Vgl. Bekier, Marketing, 1998, S. 324.

hoch bzw. die Substanzquote zu niedrig wird und das Investment damit weniger attraktiv erscheint.

Über die Kostenstruktur ergibt sich aber ausgehend von der Beeinflussungsmöglichkeit innerhalb der Produktpolitik auch eine Chance in der Preispolitik. Einzelne Initiatoren haben dies bereits für sich erkannt und werben mit einem im Marktverhältnis geringen Weichkostenanteil.[231] Dies ermöglicht ein für den Anleger effizienteres bzw. renditestärkeres Investment und damit eine Differenzierung gegenüber dem Wettbewerb. Zudem wird es für den entsprechenden Initiator auch möglich, geringere Mindestbeteiligungshöhen zu offerieren und damit neue Zielgruppen, z.B. mit einem verstärkten Liquiditätstreben, zu erschließen. Mit der Mindestbeteiligungshöhe eng verknüpft sind mögliche Zahlungskonditionen.[232] Verbreitet ist zwar die vollständige Eigenkapitalzahlung. Durch sogenannte Ansparfonds mit einer Rateneinzahlung des Eigenkapitals wird es für die Initiatoren ebenfalls möglich, neue Zielgruppen zu erschließen.

Ein effizientes Maßnahmenpaket innerhalb der Preispolitik ergibt sich ferner über den Faktor der Kostentransparenz. Aus dem Marketing für Investmentfonds ist bekannt, dass Anleger grundsätzlich bereit sind einen guten Service des Initiators zu honorieren. Als Voraussetzung gilt allerdings eine transparente und verursachungsgerechte Preisgestaltung.[233] Bislang ergab sich gerade über die Intransparenz der Kostenstruktur bspw. über die Verflechtung mit Tochterunternehmen innerhalb der Wertschöpfungskette für die Fondsinitiatoren die Möglichkeit einer „zusätzlichen" Gewinnerzielung. Durch eine höhere Transparenz in Verbindung mit dem Ansatz marktgerechter Kosten kann zum einen das Anlegervertrauen und damit das Sicherheitsgefühl auf der Investorenseite maßgeblich gestärkt werden. Dies erhöht zum anderen die Effizienz des Investmentprozesses bzw. der Investition selbst und folglich die Performance der Fondskonstruktion insgesamt.

---

[231] Vgl. US-Treuhand (Hrsg), Unternehmenspräsentation, 2004.
[232] Vgl. Kühn, Marketing-Mix, 1995, S. 1618.
[233] Vgl. Sondermann, Investmentfondsanlagen, 2000, S. 241.

2.2.2.3. Distributionspolitik

Die Ebene des Vertriebs umfasst alle Möglichkeiten des Initiators seine Leistungen abzusetzen. Aufgrund der weitreichenden Bedeutung der Distribution hat dieses Instrument des Marketingmix strategieähnlichen Charakter und ist für die Positionierung von herausragender Bedeutung.[234] Zunächst sind die einzelnen Vertriebskanäle zu selektieren.

Hinsichtlich Distribution spielte bei den Initiatoren geschlossener Immobilienfonds in der Vergangenheit vor allem die Nähe zu Großbanken eine herausragende Rolle. Die Abhängigkeit von der Kooperation mit den Kreditinstituten besteht auch nach der Öffnung der Bankvertriebe gegenüber Fremdprodukten weiter. Diese sind im Bereich der geschlossenen Immobilienfonds die mit Abstand bedeutendste Vertriebsstufe.[235] Dies liegt u.a. darin begründet, dass diese Großvertriebsform in der Lage ist, hohe Volumina innerhalb kürzester Zeit zu platzieren. Bei Fokussierung dieses Vertriebskanals gilt es somit im ersten Schritt zunächst auf die Anforderungen der Vertriebsebene an die Produkte einzugehen.[236] Neben einer qualitativ hochwertigen Produktausgestaltung betrifft dies vor allem die Höhe der Provision (Agio und Innenprovision) für die Kreditinstitute. Beide Aspekte sind damit bereits innerhalb der Produkt- und Preispolitik zu berücksichtigen. Zudem hat der Initiator geschlossener Immobilienfonds die Rollentypologie der an der Investmententscheidung maßgeblich beteiligten Beraterebene[237] zu analysieren und entsprechende Möglichkeiten des Anreizes in Erwägung zu ziehen. Wesentliches Merkmal ist, dass die Berater von Kreditinstituten unabhängig von produktimmanenten Provisionen agieren, da diese i.d.R. ein Festgehalt beziehen und nur im geringen Umfang über variable Vergütungsbestandteile verfügen. (Dies gilt nur eingeschränkt für sog. selbstständige Finanzberater mit festem Banken- /Versicherungshintergrund). Finanzielle Anreize zur Absatzsteigerung greifen damit nicht auf direktem Wege. Zur unmittelbaren Incentivierung sind andere Instrumente zu fokussieren. Bspw. sind in Kooperation mit den Kreditinstituten Bonusprogramme für die Beraterebene denkbar.

---

[234] Vgl. Dahmen, Multi-Channel Strategies, 2004, S. 78.
[235] Siehe dazu Kapitel 1.1.2. , S. 4 f.
[236] Siehe dazu Kapitel 2.1.2.2., S. 43 f.
[237] Vgl. Folz, Vermögensanlageprodukte, 1994, S. 214.

Bei der zweiten Vertriebsebene, den freien Vertrieben bzw. Strukturvertrieben, spielt die Provisionshöhe zur direkten Steigerung des Absatzes eine maßgebliche Rolle. Vorteil bei der Selektion der freien Vertriebe als Distributionskanal ist ein i.d.R. größerer Freiheitsgrad bzgl. der Einflussnahme seitens des Initiators. Allerdings sind die freien Vertriebe hinsichtlich der Platzierungskapazitäten gegenüber den Bankvertrieben beschränkt. Der Goodwill gegenüber den Produkten und auch die Verhandlungsmacht gegenüber dieser Vertriebsebene ist abhängig von der Produktqualität und generellen vertriebspolitischen Entscheidungen. Erstklassige Produkte werden i.d.R. in erster Linie über die Banken distribuiert. Für die freien Vertriebe bleiben oftmals nur B-Produkte. Um den Vertriebskanal gleichwohl langfristig anzureizen bzw. zu erschließen, ist eine Partizipation an höherklassigen Produkten empfehlenswert. Dies kann bspw. durch verschiedene Produktklassifikationen wie bei Jamestown in Form der Jamestown „classic" und Jamestown „kompakt" Subklassifizierung (mit verschiedenen Mindestbeteiligungshöhen und Renditeniveaus) geschehen.[238]

Bei der Auswahl des Vertriebskanals ist auch zu prüfen, inwieweit der Aufbau eines effizienten, selbstständigen Vertriebsnetzes möglich erscheint.[239] Dieser Vertriebskanal ist zwar bei den geschlossenen Immobilienfonds, im Gegensatz zu anderen Beteiligungsmodellen u.a. aufgrund seiner Kostenintensität nicht verbreitet[240], allerdings steht dem gegenüber die maßgebliche Beeinflussbarkeit durch den Initiator. So distribuiert der Initiator Jamestown bei seinen Fonds ca. zehn Prozent des Eigenkapitalvolumens an bestehende Direktkunden.[241]

Bei der Selektion der Vertriebsebene sind außer der Platzierungskraft, Provisionen, sonstigen Anreizen der Absatzförderung sowie den Möglichkeiten der Einflussnahme auf den Vertrieb ferner auch die avisierten Zielkundengruppen zu berücksichtigen. Die Klientel eines freien Finanzdienstleisters unterscheidet sich von der Kundengruppe des Private Banking in ihren Produktanforderungen und Vermögenszielen maßgeblich.

Zweiter wesentlicher Schritt im Bereich der Distributionspolitik ist nach der Auswahl der Vertriebskanäle die Etablierung einer adäquaten Vertriebsunterstützung. Maßnahmen betreffen hier z.B. Produktschulungen für die Vertriebs-

---

[238] Vgl. dazu Gerber, Experteninterview, 12.07.2005, (siehe Anhang).
[239] Vgl. Falk, Immobilien-Marketing, 1997, S. 397.
[240] Siehe dazu Kapitel 1.1.2. , S. 4 f.
[241] Vgl. dazu Gerber, Experteninterview, 12.07.2005, (siehe Anhang).

kräfte aber auch eng mit der Kommunikationspolitik verflechtete Elemente wie einen kontinuierlichen Informationsfluss zwischen Initiator und Vertrieb sowie Inhalt und Aufbau von Verkaufsmaterialien in Form von Prospektmaterial, Schulungsmaterial sowie Give-Aways.[242] Auch Incentives und sonstige Anreizmechanismen spielen eine maßgebliche Rolle. Alle vertriebsunterstützenden Elemente sind an die jeweilige Selektion des Vertriebskanals und an die entsprechenden Zielkunden anzupassen.

2.2.2.4. Kommunikationspolitik

Der Entwicklung einer klaren Positionierungsstrategie muss eine adäquate und überzeugende Kommunikation dieser Positionierung folgen. Diese Kommunikation äußert sich indirekt auch durch die anderen Instrumente des Marketingmixes bspw. in Form einer aus guten Produkteigenschaften resultierenden Reputation. Allerdings muss diese durch den Initiator mittels entsprechender Kommunikationsmaßnahmen unterstützt werden.[243] Nur eine nachhaltige Abstimmung der Kommunikation mit den anderen Instrumenten innerhalb des Marketingmixes kann langfristig Erfolg versprechen.

Die Dimensionen der Kommunikationspolitik im Markt geschlossener Immobilienfonds lassen sich nach den Ebenen der Kommunikationsunterstützung des Fondsproduktes und der Unternehmenskommunikation differenzieren. Beide Ebenen sind jedoch nicht isoliert voneinander zu betrachten. Zudem ist darüber hinaus zwischen den Instrumenten von Werbung, Public Relations und Verkaufsförderung zu unterscheiden.[244]

Auf Fondsebene kann Werbung bspw. in Form von Anzeigen in fach- und zielgruppenaffinen Publikumszeitschriften, Zeitungen, TV-Werbung sowie Werbemaßnahmen am Point of Sale stattfinden. Die Kommunikation äußert sich in erster Linie über fondsgebundene Pressemitteilungen des Initiators. Der Berichterstattung in der Fachpresse ist dabei besonderes Gewicht beizumessen. 70% der Initiatoren geschlossener Fonds bezeichnen dieses Kommunikationsinstrument als entscheidenden Faktor für den Produkterfolg.[245] Für dieses Promotion-Element spricht dabei vor allem die Kosteneffizienz.[246] Der Produktkom-

---

[242] Vgl. Matys, Produktmanagement, 2005, S. 244 f.
[243] Vgl. Kotler/Bliemel, Marketing-Management, 1995, S. 497 f.
[244] Vgl. Matys, Produktmanagement, 2005, S. 257 f.
[245] Vgl. Schoeller/Witt (Hrsg.), Jahrbuch 2004/2005, 2005, S. 92.
[246] Vgl. dazu Hennig, Experteninterview, 11.07.2005, (siehe Anhang).

munikation zugeordnet sind verkaufsfördernde Maßnahmen wie Direct Mailings an bestehende und potentielle Kunden sowie Road-shows in Form von Verkaufspräsentationen vor Kunden oder der Beraterebene. Innerhalb der Kommunikationspolitik können auch die Schaltung einer entsprechenden verkaufsunterstützenden Homepage mit Downloadmöglichkeiten von Informations- und Prospektmaterial sowie die Bannerschaltung im Internet flankierend eingesetzt werden.[247]

Als Basis für die Produktkommunikation dienen Maßnahmen auf Gesamtunternehmensebene (Unternehmenskommunikation). Eine schlüssige Corporate Identity mit entsprechendem Design sowie die Arbeit an einem Unternehmensimage mit entsprechender Bekanntheit können Produktkommunikationsmaßnahmen deutlich erleichtern. Entsprechende Imagekampagnen finden über die gleichen Kommunikationswege wie die produktspezifischen Maßnahmen statt. Auch Messeauftritte, Seminare, Konferenzen und selektiv eingesetzte Sponsorings sind imagebildend und bekanntheitssteigernd. Einen ergänzenden Kommunikationsweg bilden Kooperationen mit produktspezifischen Informationspools (z.B. virtuelle Communities und Newsgroups),[248] die Beteiligung an Ratings sowie unabhängige Zertifikate.[249] Diese bauen Unsicherheiten auf der Kundenseite ab. In Anbetracht der Sensibilität des Fondsproduktes und des hohen finanziellen und psychologischen Involvements innerhalb des Konsumtionsprozesses[250] sind diese Teilbereiche der Kommunikationspolitik stark vertrauensbildend. In gesättigten Märkten spielt auch das Customer Relationship Management eine herausragende Rolle. Die daraus resultierende Kundennähe[251] und Loyalität ermöglicht Kostenvorteile in der Vermarktung der Produkte gegenüber der Neuakquisition von Kunden.[252] Damit eng verknüpft können auch Kundenbindungstools z.B. in Form von Kundenkarten und damit verbunden Incentives eine starke Wirkung entfalten. Diese ermöglichen dem Initiator eine Emotionalisierung der eigenen Produkte. Des Weiteren gewährleisten derartige Programme eine proaktive und fortwährende Kommunikation zu Bestandskunden und eine Steigerung der Bin-

---

[247] Vgl. Bekier, Marketing, 1998, S. 326.
[248] Siehe dazu beispielhaft http://www.e-fonds24.de.
[249] Vgl. Zitelmann (Hrsg.), Immobilien-News, 2005b, S. 12.
[250] Siehe dazu Schramm, Kaufverhalten, 2002, S. 74.
[251] Vgl. Böttcher, Kundennähe, 2005, S. 42.
[252] Vgl. Blattberg/Getz/Thomas, Customer Equity, 2001, S. 67 f; Dowling/Uncles, Loyalty, 1997, S. 77.

dung der Kunden an das Unternehmen.[253] Dies kann das Unternehmensimage stärken und die Mobilisierung von Zeichnern deutlich erleichtern.[254]

2.2.3. Rückwirkung der Profilierung auf die Unternehmenspositionierung

Die Systematik der Positionierung ist bei Integration der Profilierung und des Marketingmixes auf operativer Ebene als dynamisches System mit zahlreichen Rück- und Wechselwirkungen zu verstehen.

Im ersten Schritt werden Profilierung und Marketingmix Top-Down durch die grundlegenden Positionierungsentscheidungen des Initiators beeinflusst. Die Entscheidungen auf der Ebene des Marketingmixes führen aber auch zu Konsequenzen in der Profilierungsebene und letztlich auf der Gesamtebene des Unternehmens. Die Positionierung des einzelnen Immobilienfonds hat somit grundsätzlich Auswirkungen auf die Gesamtpositionierung des Unternehmens und umgekehrt. So führen bspw. Inkonsistenzen im Marketingmix eines Fonds zu Unsicherheiten auf der Kundenseite und können die bisherige Positionierung des Initiators in Frage stellen. Daher sind die einzelnen Analyseschritte und Entscheidungen nicht isoliert, sondern prinzipiell im Gesamtkontext zu betrachten.

Die Positionierung ist zudem als dynamischer Prozeß zu verstehen, da die einzelnen Maßnahmen und Elemente der Positionierung einem ständigen Wandel unterliegen.[255] Die Erkenntnisse aus der operativen Ebene der Fondspositionierung gilt es, adäquat in die Profilierungs- und Positionierungsprozesse auf der strategischen Ebene des Initiators zu integrieren. Das Top-Down-Management ist um Bottom-Up-Ansätze zu ergänzen.[256] Erst auf diese Weise kann für den Initiator geschlossener Immobilienfonds das Bestehen innerhalb des dynamischen Wettbewerbsumfelds gewährleistet werden.

---

[253] Vgl. Symannek, Chancen, 2005, S. 43.
[254] Vgl. Schröter/Nowak, Investor Cards, 2004, S. 23.
[255] Vgl. McKenna, Dynamisches Marketing, 1986, S. 59.
[256] Vgl. Ries/Trout, Marketing, 1990, S. 12 ff.

3. Marktimmanente Strategiekonzepte der Positionierung

Positionierungsansätze in ihrer reinen Form sind im tatsächlichen Marktumfeld und damit auch im Segment der geschlossenen Immobilienfonds nur indirekt zu identifizieren. Es handelt sich vielmehr um eine Verknüpfung der Dimensionen der Positionierung mit ihren entsprechenden Ausprägungen im Marketinginstrumentarium. Die Art der Positionierung äußert sich dabei über die verschiedenen Strategien der Initiatoren innerhalb des Wettbewerbsumfelds. Diese Wettbewerbsaktivitäten sind daher nach den Schlüsselfaktoren der Positionierung und dem zugehörigen Instrumentarium des Marketings zu hinterfragen. Als Bezugspunkte der Analyse können maßgeblich die Fonds- und die Initiatorebene herangezogen werden.

3.1. Fondsgebundene Strategiekonzepte

Der überwiegende Teil der Strategiekonzepte zur Umsetzung der Positionierung basiert auf den Investitionsobjekten der Fonds bzw. der Fondskonstruktionen selbst. Zu unterscheiden sind in diesem Zusammenhang quantitative und qualitative Modelle. Die quantitativen Modelle sind am deutlichsten nachvollziehbar, während qualitative Aspekte i.d.R. nur subjektiv wahrzunehmen sind.

3.1.1. Quantitative Modelle

Bei den quantitativen Modellen fondsgebundener Strategiekonzepte können verschiedene Ansätze verfolgt werden. Für die Initiatoren geschlossener Immobilienfonds sind hierzu primär Diversifikations-, Volumen-, und Kostenaspekte von Bedeutung.

3.1.1.1. Strategien der Diversifikation

Die Diversifikation innerhalb der Marktbearbeitung erfolgt für die geschlossenen Immobilienfonds vornehmlich über die Selektion der Standorte und Nutzungsarten der Fondsobjekte. Diese beiden Faktoren haben großen Einfluss auf die Schlüsselfaktoren der Positionierung des Fonds und damit in der Summe auf die Positionierung des Initiators insgesamt.

3.1.1.1.1. Standorttypische Diversifikation

Mit der wettbewerbsstrategischen Standortauswahl kann der Fondsinitiator erfolgswirksam seine Positionierung beeinflussen. Dies liegt vor allem in den wirtschaftlichen und steuerlichen Rahmenbedingungen begründet. Diversifikationsaspekte betreffen hier zum einen die Zielländer der Investition sowie dort die

Standortauswahl im Makroumfeld und zum anderen die Lagequalität im Mikroumfeld. Eine geographische Diversifikation kann daher nach internationalen (interkontinentalen / kontinentalen) sowie nach nationalen Gesichtspunkten erfolgen und lokal standortsystematisch nach A, B und C-Lagen differenzieren. In Deutschland zeigen vor allem Fonds mit Büroimmobilien an A-Standorten – dies sind kaufkraftstarke Ballungsräume bzw. Bevölkerungsschwerpunkte wie Rhein-Main, Rhein-Ruhr, Hamburg, München, Berlin etc. – und da wiederum in den entsprechenden A-Lagen eine deutliche Dominanz. Die Objekte sind vorzugsweise architektonisch anspruchsvoll gestaltet sowie von hoher Bau- und Ausstattungsqualität. Sie weisen zudem einen hohen Vermietungsstand mit in der Regel langfristig angelegten Mietvertragsverhältnissen auf. Eine Anschlussvermietung ist aufgrund einer auch zukünftig nachhaltigen Vermietbarkeit und bestehender Marktnachfrage ausreichend gesichert.[257]

Die Unternehmensgruppe Hahn zeigt mit der Platzierungshistorie ihrer Fonds eine deutliche Alternative im Vergleich auf. Die Investments dieses Initiators sind oftmals an den sog. B-Standorten (Mittelzentren / -städte) angesiedelt. Zudem beziehen sich die Investments nicht auf erstklassige Büroimmobilien sondern auf Einkaufszentren bzw. Fachmarktzentren. Die Standortselektion erfolgt mittels Avisierung eines weitgehenden Konkurrenzschutzes. Durch die baurechtlich fundierte Exklusivität des Standortes bezogen auf die Branche des potentiellen Ankermieters werden langfristige Mietverträge mit bonitätsstarken Kunden ermöglicht.[258] Hahn zeigt mit dieser Strategie, dass die „äußere Standortbeschaffenheit" nicht allein über die Qualität des Investments entscheidet. Die Fonds der Unternehmensgruppe Hahn bieten ihren Anlegern marktübliche Renditen und durch die Mieterbonität ein hohes Maß an Sicherheit, trotz vermeintlich schlechterer Lagen.

Hinsichtlich der Investitionsländer dominieren zunehmend europäische und Nordamerika-Investments. Dies begründen die Initiatoren u.a. mit höheren Mietrenditen, hohen Wertsteigerungsmöglichkeiten, Aspekten der Währungsdiversifikation und steuerlicher Attraktivität durch die Nutzung vorhandener DBA.[259] Vor diesem Hintergrund kann eine Spezialisierung ausschließlich auf US-Investments bspw. durch die Initiatoren Jamestown und US-Treuhand als eine

---

[257] Vgl. Lauer, Übergangsfrist, 2005, S. 6.
[258] Vgl. Zitelmann, Keine Gemischtwarenläden, Immobilienwirtschaft, 2005, S. 26 f.
[259] Vgl. Schmidt/Führlein, Immobilienmarkt, 2005, S. 41; Gotzi, Ausland, 2005, S. 4 und Gotzi, Gewinne, 2005, S. 72 ff.

Möglichkeit der Renditefokussierung innerhalb ihrer Positionierung angesehen werden. Das Performancepotenzial wird zum Beispiel beim Fonds USA II von Sachsenfonds deutlich. Nach nur 23 Monaten wurde für den Anleger durch den Objektverkauf ein Erlös von 143% des Kommanditkapitals erreicht. Inklusive der 9% Ausschüttung ermittelt sich eine Rendite von 21% nach IRR.[260] Zudem spielen bei diesen Nordamerika-Investments Effekte der Währungsdiversifikation eine maßgebliche Rolle.[261]

Auch andere Anbieter haben sich unter dem Renditekalkül auf Auslandsinvestments spezialisiert. Beispielsweise platzierte das Bankhaus Wölbern als Emittent eine Reihe von Fondsprodukten mit ganz unterschiedlichen geographischen Schwerpunkten (Standortmix). Investiert wurde unter anderem in den Niederlanden, Österreich, Frankreich und Polen. Der Initiator MPC hat sich ebenfalls auf europäische Investments in den Niederlanden und zunehmend auch im nordamerikanischen Markt spezialisiert.[262] Die IVG ImmobilienFonds GmbH verfolgt eine hauptsächlich europäische Investmentstrategie vornehmlich in Großbritannien und Frankreich.[263]

Der Positionierungsfaktor Sicherheit kann ebenfalls über eine fixierte Standortstrategie verfolgt werden. So gehen insbesondere mit außereuropäischen aber auch ggf. europäischen Investitionen (u.a. Großbritannien) Währungsrisiken einher, welche für Investments im Euroraum jedoch nicht bestehen. Ferner unterliegen vor allem interkontinentale Investitionen der Gefahr stärkerer Volatilitäten der ausländischen Immobilienmärkte.[264] Eine Verfolgung des Faktors Sicherheit innerhalb der Standortselektion lässt sich bspw. über die Risikostreuung durch Mehrobjektfonds erreichen. Damit werden zyklische Schwankungen der lokalen Immobilienmärkte sowie Abhängigkeiten von der Bonität zentraler Mieter durch sich wandelnde Branchenbedingungen kompensiert.

Ein subjektives Sicherheitsempfinden kann für den Anleger aber auch aus der Nähe des Investments zum eigenen Standort resultieren. Größere Destinationen können u.U. ein subjektives Kontrolldefizit hervorrufen. Dies bietet für Initiatoren mit einer verstärkten Ausrichtung auf inländische Objektstandorte eine flankierende Maßnahme innerhalb ihrer Positionierung. Mit der Integration dieses

---

[260] Vgl. o.V., US-Vulkan, 2005, S. 6.
[261] Vgl. Jamestown (Hrsg.), Prospekt Jamestown 25, 2004, S. 5 f.
[262] Vgl. MPC Capital AG (Hrsg.), Leistungsbilanz 2002, 2003, S. 2 ff.
[263] Vgl. dazu Hennig, Experteninterview, 11.07.2005, (siehe Anhang).
[264] Vgl. Dustdar/Heuser, Geschlossene Fonds, 1996, Kapitel 3.5.7., S. 1.

Faktors in die wettbewerblichen Maßnahmen kann damit der postulierte Sicherheitsaspekt inländischer Immobilien zusätzlich penetriert werden.

3.1.1.1.2. Nutzungsarttypische Diversifikation

Die Angebotsseite des Marktes für geschlossene Immobilienfonds ist geprägt durch die Nutzungsart der Büroimmobilien. Im Jahr 2004 gehörte fast die Hälfte der Investitionsobjekte dieser Nutzungsklasse an.[265] Um sich auf Basis der Betrachtungsebene Nutzungsart klar vom Marktdurchschnitt zu differenzieren, sind zwei Möglichkeiten denkbar. Zum einen ist innerhalb des Büroimmobilienmarktes eine Subclusterung Objektqualitäten und Standorten möglich. So zeichnet sich ein Markttrend hin zu erstklassigen Büro- und Gewerbeinvestments in den USA und Kanada ab. Dies ermöglicht den Anlegern hohe, steuerwirksame Ausschüttungen. Zum anderen kann sich der Initiator aber auch auf weitere Nutzungsarten spezialisieren. So boten die vergangenen Beteiligungsmodelle des Emittenten Fundus ausschließlich Investitionsmöglichkeiten in Hotelimmobilien. Begründet wird dies vor allem damit, dass insbesondere in diesem Immobiliensegment Objekte mit tatsächlichen Alleinstellungsmerkmalen, d.h. z.B. Objekte von einmaliger Lage, Historie, Architektur und Bekanntheit, zu finden sind. Fundus setzt mit diesen Immobilien vornehmlich auf die Werthaltigkeit und damit auf den Sicherheitsaspekt des Investments. Mit Immobilien wie dem Hotel Adlon in Berlin[266] und dem Grand Hotel Heiligendamm werden durch exzellente Standort- und Objektqualitäten Nachvermietungsrisiken bzw. Betreiberrisiken (da es sich um Betreibermodelle handelt) minimiert. Zudem wird durch den Initiator eine marktgerechte Gesamtrendite angestrebt. Diese setzt sich zum überwiegenden Teil aus der Wertentwicklung[267] und nur zu einem geringeren Anteil aus der Ausschüttung zusammen.[268] Ein weiteres, nicht zu unterschätzendes Investitionsmotiv basiert auf der Emotionalwirkung solcher einzigartigen Objekte.[269]

Eine mittlerweile, u.a. aufgrund der geringen Einkaufspreise, wieder entdeckte Nutzungsart stellen Wohnimmobilien dar. Fonds mit Objekten dieser Nutzungsart fokussieren dabei i.d.R. die Sanierung großer Bestände mit dem Ziel eines

---

[265] Siehe dazu Kapitel 1.1.4.2., S. 14.
[266] Vgl. FUNDUS FONDS-Verwaltungen GmbH (Hrsg.), Adlon, 2002, S. 4 f.
[267] Fundus stellt bspw. die Verdreifachung des Bodenrichtwertes beim Adlon Hotel in Berlin heraus.
[268] Vgl. FUNDUS FONDS-Verwaltungen GmbH (Hrsg.), Heiligendamm, 2004, S. 4 f.
[269] Siehe dazu Kapitel 3.1.2.1., S. 73.

schnellen Exits in Form einer kleinteiligen Veräußerung bzw. Mieterprivatisierung.[270] Wachstumsmotor in diesem Segment sind vor allem ausländische Investoren. Diese High-Leverage-Investors setzen zu meist nur wenig Eigenkapital ein; eine laufende Tilgung des Fremdkapitals wird nur, wenn überhaupt, in geringem Umfang vorgenommen. Eine Amortisation des eingesetzten Eigenkapitals ist somit oftmals in wenigen Jahren möglich. Zudem spekulieren diese Investoren auf nachhaltige Wertsteigerungen der erworbenen Bestände. Nach Berechnungen von BulwienGesa wurden im Jahr 2004 9,5 Mrd. Euro in Deutschland vorwiegend in Wohnungsbestände investiert.[271]

Die Unternehmensgruppe Hahn hat sich hingegen auf Einzelhandelsflächen spezialisiert. Diese Investments sind vor allem durch ihre Lage auch an B-Standorten und durch kleinere Volumina gekennzeichnet. Zudem existiert für die Konzepte i.d.R. ein Ankermieter in Form eines Fachmarktes. Diese Gesamtstrategie der UG Hahn scheint aufzugehen. Nach Angaben des Initiators wirken derartige Fondskonzepte vor allem auf ausländische Investoren sehr attraktiv.[272]

Inkonsistent bzgl. des Immobilientypus agiert der Initiator US Treuhand. Das Unternehmen platzierte in der Vergangenheit verstärkt Investitionen in Outletcenter bzw. Fachmarktzentren in den USA.[273] Mit dem Fonds UST XI wurde hingegen ein Bürogebäude,[274] mit dem Fonds UST XIV eine Hotelimmobilie offeriert. Unabhängig von der betrachteten Nutzungsart wird bei den Fonds der US Treuhand jedoch die Zielsetzung einer attraktiven Rendite durch die ausschließliche Fokussierung von US-Standorten verfolgt. Zudem spielt im Zuge der Marktbearbeitung der Faktor des begrenzten Risikos eine herausragende Rolle.[275] Mit dem sogenannten US Treuhand Konzept sind dabei vier elementare Bausteine verbunden. Die Komplementärgesellschaften der Fonds beteiligen sich mit hohen Kapitaleinlagen an den Fonds und partizipieren somit in größerem Maße an den möglichen Risiken. Auch die Managementpartner in den USA werden durch eine Eigenkapitalbeteiligung zu einem maßgeblichen Risikoträger. Die Anleger erhalten gegenüber dem Komplementär und den Partnern eine Vor-

---

[270] Vgl. German Real Estate Opportunities (Hrsg.), DWF 1, 2005, S. 11 f.
[271] Vgl. o.V., Immobilientrends, 2005, S. 6 ; Hönighaus, Wohnungsmarkt, 2005, S. 2 sowie o.V., Investmentmarkt, 2005, S. 5.
[272] Vgl. Wiktorin, Fachmärkte, 2005.
[273] Vgl. o.V., Spezialist für US-Outlets, 2003.
[274] Vgl. US Treuhand (Hrsg.), Prospekt UST XI, 2003, S. 4 ff.
[275] Vgl. US Treuhand (Hrsg.), Leistungsbilanz 2003, 2003, S. 7.

zugsstellung hinsichtlich Ausschüttung und Veräußerung. Vierter Baustein ist das Exit-Management.[276] Damit soll bereits innerhalb der Produktpolitik „... der Weg zu einem lukrativen Ausstieg für den Zeichner geebnet ..."[277] werden. Alle vier Merkmale können als eine klare Verfolgung des Positionierungsfaktors Sicherheit gewertet werden. Allerdings dürfte die umfangreiche Allokation des Risikos die Marge für die Anleger minimieren. Als generelle Merkmale der Fondsimmobilien bezeichnet US Treuhand neben der Sicherheit dennoch sämtliche Positionierungsaspekte wie die hohe Werthaltigkeit und Rentabilität sowie den günstigen Einkauf. Beim Hotel-Fonds UST XIV erhöhte sich der Wert der Immobilie nach der Erweiterung laut Gutachten um ca. 80 Mio. US-Dollar. Dies entspricht einer Steigerung von mehr als 16% im Vergleich zum Wert des Objektes beim Erwerb. Die Immobilie weist somit bereits während des Platzierungszeitraumes hohe stille Reserven auf.[278] Das Niveau der Barausschüttungen bewegt sich dabei zwischen 8,3 und 9,8% p.a. (ohne bzw. mit Umsatzmiete).[279]

3.1.1.2. Volumenbasierte Strategie

Die offerierten Volumina und Mindestbeteiligungshöhen haben in Verbindung mit der Substanzquote bzw. dem Weichkostenanteil der Fondskonstruktionen entscheidenden Einfluss auf die Positionierungsfaktoren Rendite und Liquidität. Für den Markt der geschlossenen Immobilienfonds konnten in den letzten Jahren in diesem Kontext zwei deutliche Tendenzen beobachtet werden. Zum einen haben sich die Gesamtvolumina der Investments stetig erhöht, auf der anderen Seite sind die Mindestbeteiligungshöhen jedoch zurückgegangen.

Mit den steigenden Beteiligungsvolumen streben die Initiatoren geschlossener Immobilienfonds eine höhere Rentabilität an. So können ertragreichere Großobjekte akquiriert und die Ratio zwischen Werbungskosten und Investitionsvolumen minimiert werden. Der Initiator Jamestown formuliert für seinen Mehrobjektfonds Jamestown 25 (Eigenkapitalvolumen ca. 431 Mio. USD) die Strategie so: „Die Fondstruktur offeriert Privatanlegern die Beteiligung an professionell verwalteten Immobilien, die aufgrund ihrer Größe in der Regel institutionellen Investoren vorbehalten sind."[280] Die Tendenz zu Großvolumina setzt sich bei

---

[276] Vgl. US Treuhand (Hrsg.), Prospekt UST XIV, 2004, S. 4 f.
[277] US Treuhand (Hrsg.), Prospekt UST XIV, 2004, S. 5.
[278] Vgl. US Treuhand (Hrsg.), Prospekt UST XIV, 2004, S. 29.
[279] Vgl. US Treuhand (Hrsg.), Prospekt UST XIV, 2004, S. 40 f.
[280] Jamestown (Hrsg.), Prospekt Jamestwon 25, 2004, S. 2.

Jamestown fort. So umfasst der Fonds Jamestown 26 ein Eigenkapitalvolumen von ca. 350 Mio. USD.[281]

Ein ganz anderes Marktverhalten weist die Unternehmensgruppe Hahn auf. Die Eigenkapitalvolumina ihrer Fonds bewegten sich seit 1979 bis maximal 16 Mio. EUR.[282] Diese im Marktverhältnis sehr geringen Investments spiegeln sich in der Höhe der Mindestbeteiligung wieder. Bereits ab 5.000 EUR können Anleger an diesen Objekten partizipieren. Vor dem Hintergrund der Positionierung bedeutet dies die Fokussierung des Anlagekalküls der Liquidität. Hahn minimiert damit die Einstiegsbarrieren in den Markt für geschlossene Fonds und erschließt so neue Zielgruppen. Auch die Initiatoren mit großvolumigen Investitionsobjekten haben die Mindestbeteiligungen in den letzten Jahren sukzessive reduziert. So ist die durchschnittliche Mindestbeteiligungshöhe bei den Inlandsfonds im Zeitraum von 2001 bis 2003 um rund 40% auf ca. 18.300 EUR zurückgegangen.[283]

Eine zweigleisige Strategie bzgl. der Höhe der Mindestbeteiligung verfolgt bspw. der Initiator Jamestown. Mit der Offerte von jeweils zwei Konzeptionen für jeden Fonds sollen verschiedene Anlegergruppen angesprochen werden. Der Jamestown „Kompakt" startet bereits bei 10.000 USD, die Mindestbeteiligung für Jamestown „Classic" beträgt hingegen 30.000 USD. In der Performance unterscheiden sich die beiden Modelle u.a. durch einen geringen Renditeabschlag für den Jamestown „Kompakt". Dem „Kompakt"-Anleger wird aber die Möglichkeit gegeben, mittels Thesaurierung der Ausschüttungen sukzessive ein Vermögen aufzubauen.[284]

3.1.1.3. Strategieaspekte der Kostenstruktur

Auch mit der Kostenstruktur lassen sich Positionierungsansätze verfolgen. So resultiert aus einem niedrigen Weichkostenanteil bzw. einer hohen Substanzquote innerhalb des Beteiligungsmodells eine höhere Rendite. Dies gilt allerdings nur unter der Maßgabe einer entsprechenden Weitergabe des Kostenvorteils an den Fondszeichner. In Folge können die Kosten als aggressives Wettbewerbsinstrument eingesetzt werden.[285] Beispielhafte Umsetzung findet die Kostenfokus-

---

[281] Vgl. Rohmert (Hrsg.), Der Immobilienbrief, 2005, S. 11.
[282] Vgl. Hahn-Immobilien-Beteiligungs AG (Hrsg.), Pluswertfonds, 2004, S. 1 ff.
[283] Eigene Berechnung auf Basis Schoeller/Witt (Hrsg.), Jahrbuch 2003/2004, 2004.
[284] Vgl. dazu Gerber, Experteninterview, 12.07.2005, (siehe Anhang).
[285] Vgl. Jendges, Wettbewerbsstrategien, 1995, S. 17 f.

sierung beim Initiator US Treuhand. Dieser wirbt mit einem geringen Weichkostenanteil seiner Beteiligungsangebote.[286] Die Kostenstruktur ergänzt damit die Positionierung von US Treuhand als Initiator von renditeorientierten Fonds mit Spezialisierung auf den Standort USA. Auch der US-Spezialist Jamestown wirbt mit einem Anteil der Weichkosten. So sind im Marktvergleich günstige Kosten bei Emission und Verwaltung zentrale Merkmale aller Jamestown Fonds.[287] Beeinflussbar wird der Kostenfaktor vor allem über den Einkauf von fondsgebundenen Leistungen zu marktgerechten Preisen. Interne Verflechtungen in Zusammenhang mit der Konzeption geschlossener Fonds bieten aber vor allem bei kleineren nicht-institutionellen Emittenten nach wie vor ein großes Potential zur Gewinnabschöpfung.[288]

Dem Faktor der Kostenstruktur ist auch die Transparenz der Kosten für die Kundenseite zuzuordnen. Diese bewirkt beim Kunden ein höheres Vertrauen in die Leistungen des Initiators mit der Folge eines höheren Sicherheitsempfindens auf Seiten des Anlegers. Sie kann damit als wirksames Strategieinstrument angesehen werden.[289]

3.1.2. Qualitative Modelle

Qualitative Ansätze der Marktbearbeitung können vor dem Hintergrund der Positionierung die quantitativen Aspekte ergänzen. Bei Verfolgung qualitativer Strategien sind allerdings K.O.-Kriterien, in Bezug auf die Positionierungsfaktoren Rendite, Sicherheit und Liquidität bzw. deren Ausprägungen zwingend zu berücksichtigen. Qualitative Modelle äußern sich in den Dimensionen von Emotionalisierungs- und Innovationsstrategien.

3.1.2.1. Strategie der Emotionalisierung

Investitionsentscheidungen können sowohl logisch als auch emotional begründet sein oder durch eine Melange beider Faktoren bestimmt werden.[290] Rationalen Argumenten für ein Investment kommt dabei im Markt der geschlossenen Fonds eine höhere Bedeutung zu. Dies liegt aufgrund hoher finanzieller Beteiligungen in der starken kognitiven Einbindung des Zeichners begründet. Dennoch ist nicht auszuschließen, dass Emotionalfaktoren eine kompensatorische Wirkung

---

[286] Vgl. US Treuhand (Hrsg), Unternehmenspräsentation, 2004.
[287] Vgl. Jamestown (Hrsg.), Prospekt Jamestown 25, 2004, S. 5.
[288] Vgl. dazu Hennig, Experteninterview, 11.07.2005, (siehe Anhang).
[289] Vgl. dazu Gerber, Experteninterview, 12.07.2005, (siehe Anhang).
[290] Vgl. Schwarz, Reptil, 2004, S. 129 f.

entfalten können. Emotionsbasierte Strategien gehen im Markt geschlossener Immobilienfonds i.d.R. von den Fondsobjekten aus. Dies betrifft insbesondere solche Immobilien, die bspw. aufgrund ihres ansprechenden Charakters in Form der äußeren Beschaffenheit oder des Größenumfangs in der Außenwirkung Alleinstellung erreichen. Eine solche Emotionalstrategie verfolgt der Initiator Fundus in Zuge der Auswahl seiner Objekte. Allen Fondsobjekten der zuletzt platzierten Beteiligungsmodelle war neben der Nutzungsart „Hotel" auch eine, durch die Einmaligkeit der Immobilien bedingte, Alleinstellung gemein. So ist das Grand Hotel Heiligendamm das älteste Seebad Deutschlands und zeichnet sich neben der historischen Architektur insb. durch einen damit verbundenen kulturgeschichtlichen Zusammenhang aus.[291] Objekte wie das Hotel Adlon in Berlin oder das Grand Hotel Heiligendamm erreichten somit auch ein entsprechendes kommunikatives Feedback innerhalb und außerhalb der Fachwelt. So wurde das Grand Hotel Heiligendamm auf der Immobilien-Weltleitmesse MIPIM in Cannes mit dem MIPIM Award in der Kategorie „Hotel" ausgezeichnet.[292] Zudem hatten zahlreiche Presseartikel und TV-Beiträge das Hotel zum Inhalt.[293] Mit Fundus-Objekten soll es dem Anleger ermöglicht werden, in ein Stück Unvergänglichkeit zu investieren. „Das vorliegende Angebot richtet sich an anspruchsvolle Anleger, die ihr Vermögen sichern wollen, indem sie in Werte investieren, die es noch in 100 Jahren geben wird."[294] Fundus fokussiert folglich vor allem solche Investoren, die neben einer am Markt vergleichbaren Rendite auch hohe Ansprüche an die Objekte selbst stellen.

Emotionalität kann aber auch von der Initiatorebene ausgehen. Dies kann sich über dessen Image und die Kundenansprache äußern.[295] Dem sind bspw. markenpolitische Entscheidungen und u.a. die zugehörige Corporate Identity (CI) zuzuordnen.

3.1.2.2. Strategie der Innovation

Auch der Innovationsgrad von geschlossenen Immobilienfonds kann als wirksames Positionierungsinstrument angesehen werden. Innovative Konzepte der jüngeren Vergangenheit zeichnen sich dabei vor allem durch eine starke Rendi-

---

[291] Vgl. Hennig, Seebad Heiligendamm, 2001, S. 1070.
[292] Vgl. o.V., Grand Hotel Heiligendamm, 2004, S. 5.
[293] Siehe dazu Schöner Wohnen, Nr. 5, 2004; Wirtschaftswoche, Nr. 22, 2003; Stern, Nr. 25, 2003.
[294] FUNDUS FONDS-Verwaltungen GmbH (Hrsg.), Heiligendamm, 2004, S. 4 f.
[295] Siehe dazu Kapitel 3.2. , S. 77 f.

teorientierung aus. Dies betrifft vor allem sogenannte Opportunity Fonds. Eine höhere Renditeaussicht kompensiert bei diesen Fonds den Aspekt der Sicherheit. Solche Investments investieren in nicht effiziente Marktsituationen vor dem Hintergrund einer hohen internen Eigenkapitalverzinsung.[296] Mit derartigen Modellen sollen spekulative Anleger angesprochen werden. Beim Hamburger Emissionshaus MPC können Anleger innerhalb des Sachwert-Renditefonds Opportunity Amerika in drei verschiedene US-Ziel-Fonds investieren.[297] Dadurch realisiert der Anleger eine breite Streuung auf unterschiedliche Management-Teams und damit eine Risikodiversifikation auf 80 Einzelgebäude. Der Chancenaspekt basiert auf der Investition in revitalisierungsbedürftige Objekte verschiedener Nutzungsarten mit günstigen Einkaufspreisen und damit hohem Wertzuwachspotential.[298] In Folge exorbitant hoher Immobilienpreise in den USA ist dies ein sachlogischer Schritt. Die Zielsetzung des Investments liegt somit in dem durch aktives Management zu generierenden Wertsteigerungen bei Veräußerung. Diese Beteiligung ist durch ein breites Chance-Risiko-Profil gekennzeichnet und wendet sich an risikofreudige Anleger. Die prognostizierte IRR-basierte Rendite beträgt vor Steuern 17% p.a. Nach Steuern und Kosten verbleiben immer noch ca. 10,6% p.a. MPC verfolgt damit in der Positionierung eine klare Renditeausrichtung.[299] Zudem ist die Kapitalbindungsdauer mit voraussichtlich 4,5 Jahren sehr kurz.[300] Auch dieses Konzept untermauert die Innovationsstrategie von MPC. „Die Erfolgsstory im Vertrieb des Hamburger Initiators MPC basiert auf der kontinuierlichen Bereitschaft, in jedem vertriebsträchtigen Fondssegment Neuland zu betreten."[301] Durch den Einkauf von jeweils marktspezifischen KnowHow wurde das Unternehmen unabhängig von der eigenen Kernkompetenz zum Multimarktführer. Dies beweist, dass im Beteiligungsmarkt auch eine generalistische Marktbearbeitung erfolgreich sein kann.[302]

Auch der Anbieter Warburg-Henderson verfolgt die Möglichkeit opportunistischer Ausrichtung. Mit verschiedenen, revitalisierungsbedürftigen Büroobjekten in erstklassigen Zentrallagen in Deutschland (Hamburg, Düsseldorf, Frankfurt,

---

[296] Vgl. Rottke, Opportunity Fonds, 2004, S. 7.
[297] Vgl. Bomke, Opportunisten, 2005, S. 10.
[298] Vgl. Moser, USA Immobilien, 2005, S. 62; Schweer, Erfolgsspezialisten, 2005, S. 7 ff.
[299] Vgl. Rohmert (Hrsg.), Der Immobilienbrief, 2005, S. 14 f.
[300] Vgl. Kuhn, Mailing Opportunity, 2005, S. 1.
[301] Rohmert (Hrsg.), Der Immobilienbrief, 2005, S. 15.
[302] Siehe dazu Kapitel 3.2.2.2., S. 81 f.

München und Berlin) soll nach IRR eine Gesamtrendite von 12% p.a. ermöglicht werden. Zielsetzung ist die profitable Neuvermietung. Die Opportunity besteht im günstigen Einkauf der Fondsobjekte und der Chance einer Erholung des deutschen Immobilienmarktes nach der Revitalisierung in den kommenden Jahren. Während sich jedoch das Angebot von MPC an deutsche Investoren richtet, fokussiert Warburg-Henderson vor allem institutionelle Anleger aus dem Ausland.[303] Der Fonds wird nicht öffentlich vertrieben und die Mindestzeichnungssumme liegt bei 25 Mio. Euro.

Innovative Strategiekonzepte gehen auch von den Nischensegmenten bezogen auf die Nutzungsarten der Fondsobjekte aus. Vor allem im deutschen Markt können Hotel-, Einzelhandels-, Logistik-, Sozial- und Wohnimmobilienfonds sowie Public Private Partnerships (PPP) als Hauptwachstumsmotoren angesehen werden.[304]

Vor dem Hintergrund der Verknappung attraktiver Immobilien in den wichtigsten Märkten, geht zudem Innovationspotential von neuen, bislang nicht fokussierten Standorten aus.[305] Bei Erstbesetzung neuer Immobilienmärkte innerhalb des Fondssegments sind für den jeweiligen Initiator deutliche Pioniervorteile erreichbar. Dies äußert sich über die Expertise in dem betreffenden Immobilienmarkt, ermöglicht aber auch eine imagewirksame First-Mover-Position mit dem Markteintritt anderer Anbieter. Bei den offenen Immobilienfonds liegen Investments in Nischenmärkten bereits im Trend. So hat der Difa-Global-Fonds in eine Büroimmobilie in Mexiko investiert, weiteres Potential sieht die Kapitalanlagegesellschaft in Japan, Singapur, Südkorea und Hongkong.[306] Diese Entwicklung kann auch als Signal für mögliche Objektstandorte geschlossener Fonds angesehen werden. Pläne für die Erschließung neuer Märkte dieser Art gibt es bspw. für den Standort Italien. Aufgrund des DBA bleiben hier Einkommen aus Beteiligungen bis 75 Tsd. EUR steuerfrei. In Deutschland greift lediglich der Progressionsvorbehalt.[307] Ein weiteres Beispiel ist der dänische Immobilienmarkt mit seinem Zentrum Kopenhagen, das aufgrund guter wirtschaftlicher

---

[303] Vgl. o.V., Opportunisten, 2005, S. 4.
[304] Vgl. Scope (Hrsg.), InvestmentReport, 2005, S. 4.
[305] Vgl. Scope (Hrsg.), InvestmentReport, 2005, S. 4.
[306] Vgl. Haimann, Nischenmärkte, 2005, S. A 4.
[307] Vgl. Gotzki, Ausland, 2005, S. A 4.

und sozio-demographischer Rahmenbedingungen nachhaltig Potential für Investitionen geschlossener Immobilienfonds bietet.[308] Innovationen können aber auch von der Konstruktionsform der Investments ausgehen. So hat der Initiator Jamestown als erster am Markt ein Thesaurierungsmodell für die anfallenden Ausschüttungen angeboten.[309] Auch die Möglichkeit eines vorgezogenen Exits für den einzelnen Anleger in Notsituationen[310] sowie das Splitting der Fonds in verschiedene Anlagekonzepte („classic" vs. „kompakt") mit unterschiedlichen Höhen der Mindestbeteiligung sind Innovationen des Kölner Initiators.[311]

3.2. Initiatorgebundene Strategiekonzepte

Strategien zur Umsetzung der Positionierung im Markt der Beteiligungsmodelle werden nicht allein durch die Eigenschaften der platzierten Fondsprodukte (fondsbezogene Strategiekonzepte) definiert. Sie können auch auf den Eigenschaften der Emittenten selbst beruhen. Diese beziehen sich vor allem auf das Initiatorimage, spezifische Konzepte der Marktbearbeitung wie Spezialisierung und Generalisierung sowie flankierende Strategieelemente. Dabei ist jedoch zu konstatieren, dass diese Konzepte nicht für sich allein stehen können. Sie ergänzen vielmehr die fondsgebundenen (objektbezogenen) wettbewerbsstrategischen Konzepte zur Umsetzung der Positionierung bzw. folgen dieser.

3.2.1. Imagebasiertes Strategiekonzept

Unter dem Begriff des Images wird „... die Gesamtheit aller subjektiven Ansichten und Vorstellungen einer Person von einem Gegenstand ..."[312] subsumiert. Diese Vorstellungen resultieren aus den Eindrücken des Gesamtspektrums des Unternehmens. Hierzu gehören sowohl messbare Aspekte wie bspw. die Produktperformance als auch subjektive, wahrnehmungsbezogene Aspekte wie z.B. die Servicequalität und Imagewerbung.[313] Im Markt der geschlossenen Immobilienfonds kann das Unternehmensimage als Strategiedeterminante der Kundenseite Halt und Sicherheit bei der Investitionsentscheidung geben[314] bzw. eine

---

[308] Vgl. Grunow, Dänemark, 2005, S. 12 f.
[309] Siehe dazu Kapitel 3.2.3.2., S. 83 f.
[310] Siehe dazu Kapitel 3.2.3.3., S. 84 ff.
[311] Vgl. dazu Gerber, Experteninterview, 12.07.2005, (siehe Anhang).
[312] Harms, Imagepositionierung, 1998, S. 8.
[313] Vgl. Gerlach, Markenimages, 2001, S. 31; Harms, Imagepositionierung, 1998, S. 8.
[314] Vgl. Huber, Image, 1987, S. 11.

grundlegend ablehnende oder annehmende Haltung gegenüber dem Unternehmen hervorrufen.[315] Das Image ist in diesem Zusammenhang als Signal zu verstehen. Dabei stehen Unternehmensimage und die Fondsprodukte selbst in starker Wechselbeziehung zueinander. Ebenso wie die Positionierung des Unternehmens wird auch das Image des Initiators durch die offerierten Produkte determiniert.

Zielsetzung der Imagepolitik ist die Alleinstellung in Zusammenhang mit der Wahrnehmung des Unternehmens durch die Kundenseite. Dies lässt die Folgerung zu, dass sich das Image an der angestrebten konsistenten Positionierung der Produkte orientieren sollte. Innerhalb der wettbewerbspolitischen Maßnahmen sind demnach Produkt- und damit Unternehmensaspekte hervorzuheben, die unique, also einzigartig sind und auf der Positionierung aufsetzen.[316]

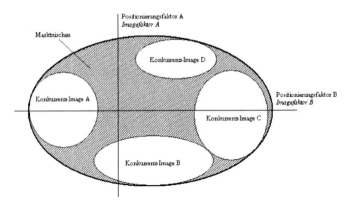

Abbildung 25: Image und Positionierung[317]

So können die positionierungsorientierten qualitativen Modelle der fondsgebundenen Marktbearbeitung wie Innovationsgrad oder Emotion, aber auch quantitative Modelle wie die fokussierten Nutzungsarten oder die Kostenstruktur stark imagebildend bezogen auf die Außenwirkung des Initiators sein. Beispielsweise erscheint der Initiator Jamestown durch seine Marktaktivitäten als Emittent hochwertiger Investments, MPC gilt aufgrund seiner Marktaktivitäten als stän-

---

[315] Vgl. Harms, Imagepositionierung, 1998, S. 8 f.
[316] Vgl. Huber, Image, 1987, S. 67.
[317] In Anlehnung an Huber, Image, 1987, S. 67.

diger Innovator bzw. First Mover in neuen Fondsegmenten. Diese Imagewirkung kann durch das wesentlich tangiblere äußere Erscheinungsbild bspw. in Form der Corporate Identity (CI) bzw. des Corporate Designs (CD) des Initiators unterstützt werden. Erst die konsistente Kommunikation ermöglicht eine entsprechende Wahrnehmung auf der Nachfrageseite. Ausgehend von der äußeren Erscheinung kann der Initiator letztlich eine Emotionalisierung erreichen und die Bindung von Kunden forcieren. Da die Imagepolitik alle Maßnahmen betrifft, „... die die Bildung, Korrektur und Durchsetzung von Images betreffen ..."[318], sind weitere Unternehmensbereiche zu untersuchen.[319]

Aus der Art der Marktbearbeitung resultiert auch die (wahrgenommene) Expertise und deren Glaubwürdigkeit aus Sicht der Kunden. Mit einer klaren Spezialisierung geht bspw., abhängig vom Erfolg dieser, i.d.R. das Vertrauen der Zeichner in die jeweilige Leistungsfähigkeit der Initiatorgesellschaft einher. Langjährige Erfahrung innerhalb eines speziellen, klar abgrenzbaren Immobilienfondssegments hat neben der unternehmensinternen Entwicklung von Kompetenzen bzw. KnowHow auch die entsprechende Wahrnehmung auf Kundenseite zur Folge. Aufgrund eines intensiven Such- und Entscheidungsaufwandes, der hohen Komplexität des Produktes, der hohen Kundenintegration bei der Konsumption[320] sowie der verbundenen Erfahrungs- und Vertrauenseigenschaft[321] ist die wahrgenommene Leistungsfähigkeit von herausragender und (absatz-) erfolgswirksamer Bedeutung.[322]

Eng verbunden mit der Expertise ist die Leistungsbilanz des Initiators. Diese ist im Gegensatz zu den o.g. Aspekten verifizierbar. Aus dem Bereich der Investmentfonds ist bekannt, dass Stärke und Differenziertheit der Markenpersönlichkeit nur gering ausgeprägt sind.[323] Damit einhergehend ist die Wirkung der Marke als Qualitätssignal gegenüber potentiellen, markt- bzw. produktfremden Kundengruppen nahezu unbedeutend. Ähnliches dürfte auch für die Beteiligungsmodelle und damit für die geschlossenen Immobilienfonds gelten. Daher kommt dem Imageaspekt der Leistungsbilanz herausragende Bedeutung zu. So-

---

[318] Huber, Image, 1987, S. 89.
[319] Vgl. Huber, Image, 1987, S. 73 ff.
[320] Vgl. Schöse, Finanzdienstleistungen, 2002, S. 27 f.
[321] Das bedeutet, die tatsächliche Qualität des Produktes ist erst nach der Konsumption erfahrbar oder bleibt auch dann teilweise noch verborgen.
[322] Vgl. Kaas, Marketing, 1995, S. 30; Schramm, Kaufverhalten, 2002, S. 74 f., S. 130 ff.
[323] Vgl. Hieronimus, Markenmanagement, 2003, S. 206.

wohl die Vertriebsebene als auch zunehmend die Zeichner leiten ihre Vertriebsbzw. Investmententscheidungen aus den Daten der Leistungsbilanz ab. Sie ist, u.a. neben den vertriebsinternen und unabhängigen Ratings, Indikator für die Investment- und damit Managementqualität des Initiators. Zudem ermöglicht die Veröffentlichung der Leistungsbilanz eine grundlegende Aussage über den Professionalitätsgrad bzw. die Seriosität des Anbieters.

3.2.2. Strategiekonzepte der Marktbearbeitung

Die Spezifikation der Marktbearbeitung und die jeweilige Differenzierung sind klar von der strategischen Positionierung abzugrenzen. Die Positionierung ist nutzenorientiert. Kundennutzen im Markt für geschlossene Immobilienfonds gründet sich auf Ausprägungen der Faktoren Rendite, Sicherheit und Liquidität. Die Art der Marktbearbeitung allein gibt dementsprechend keinen Aufschluss über die Qualität der Positionierung. Sie folgt, wie auch die fondsgebundenen Strategiekonzepte, lediglich der positionsorientierten Zielsetzung.[324]

3.2.2.1. Spezialisierung

Im Markt für geschlossene Immobilienfonds ist die spezialisierte Marktbearbeitung zunehmend dominierend. Viele Initiatoren sind dazu übergegangen, klar abgrenzbare Segmente des Fondsgeschäfts zu besetzen. Je enger das Spezialgebiet unter Berücksichtigung des Marktpotentials und der internen Stärken eingegrenzt wird, desto höher ist die Erfolgswahrscheinlichkeit innerhalb des Segments.[325] Als unternehmensinterne Stärken können u.a. Erfahrung, KnowHow, Branchenkontakte etc. angesehen werden. Im Markt der geschlossenen Immobilienfonds finden Spezialisierungen bspw. ihre Äußerung in der Fokussierung bestimmter Standorte, Nutzungsarten, Volumenstrukturen, Objektqualitäten sowie Kostenstrukturen. Aus einer derartig selektiven Marktbearbeitung resultieren für die Emissionshäuser zahlreiche Vorteile. Sie können die Marktbearbeitung auf ihre Kernkompetenzen abstimmen und damit kosteneffizienter agieren und die Kunden räumen den Initiatoren Expertise innerhalb des fokussierten Teilmarktes ein. Am Beispiel der IVG äußern sich die Vorteile eigener Büros bzw. der Ressourcenbündelung an den Investitionsstandorten vor allem durch „…intime Marktkenntnis, […] eigene Research-Kompetenz und […] Zugang zu interessanten Objekten…".[326] Durch die Bearbeitung eines kleinen Nischen-

---

[324] Siehe dazu Zitelmann, Keine Gemischtwarenläden, Immobilienwirtschaft, 2005, S. 26 f.
[325] Vgl. Friedrich/Seiwert/Geffroy, Erfolgsstrategie, 2002, S. 34 f.
[326] Hennig, Experteninterview, 11.07.2005, (siehe Anhang).

marktes kann der Initiator zudem durch Lern- bzw. Erfahrungskurveneffekte und die ständige Verbesserung seiner Problemlösungsfähigkeit sowie die einhergehend höhere Markttransparenz sicherer agieren.[327] Dadurch werden aus Kundensicht klare Alleinstellungseffekte erzielbar. So hat sich der Fondsinitiator Hahn mit seinen hinsichtlich der Nutzungsart 130 spezialisierten Fonds binnen der letzten 20 Jahre klar vom Wettbewerb abgrenzen können. Die Emittenten Jamestown und US-Treuhand erreichen eine ähnliche Alleinstellung resultierend aus der ausschließlichen Fokussierung des US-Immobilienmarktes. Jamestown agiert am US-Markt bereits seit über 23 Jahren und beschäftigt in Atlanta 60 Mitarbeiter in den Bereichen Ein- und Verkauf, steuerliche Abwicklung und Asset-Management.[328] Fundus hat sich demgegenüber als Initiator auf qualitativ hochwertige und einzigartige Immobilien vor allem in Verbindung mit der Nutzungsart „Hotel" spezialisiert.

3.2.2.2. Generalisierung

Eine glaubwürdige Positionierung kann im Markt für Beteiligungsmodelle auch mit einem breiten Produktspektrum erreicht werden. „Diversifikation ist dann als Strategie erfolgreich, wenn es gelingt, ein Unternehmen ständig neu zu erfinden. Dazu bedarf es einer klaren Strategie und einer starken Unternehmenskultur, die Veränderung und Offenheit gegenüber Neuem zur Maxime erheben."[329] Generalisierung kann sowohl mittels Fokussierung sämtlicher Nischen im Bereich der Immobilienfonds, als auch über das Agieren über verschiedene Produktgattungen des Beteiligungsmarktes hinweg erfolgen. Die Vorteile der Diversifikation liegen in der Flexibilität gegenüber Veränderungen des Umfelds im Beteiligungsmarkt, unter anderem gesetzliche (insb. steuerrechtliche), ökonomische und branchenimmanente Rahmenbedingungen. Darüber hinaus gehen mit der Möglichkeit einer schnellen Akquisition von Marktanteilen in neuen bzw. jungen Segmenten ganz unterschiedliche Vorzüge bspw. in der Art von First Mover-Erträgen einher. Zudem bestehen Vorteile für die Initiatoren in Form eines Risikoausgleichs, d.h. insbesondere in der Unabhängigkeit von Marktzyklen innerhalb einzelner Fondssegmente.[330] Für die Kundenseite wird die generalistische Ausrichtung letztlich in Form der Präsenz erfahrbar. Für den Initiator bedeutet bspw. die horizontale Erweiterung seiner Wertschöpfungsket-

---

[327] Vgl. Friedrich/Seiwert/Geffroy, Erfolgsstrategie, 2002, S. 14 f.
[328] Vgl. dazu Gerber, Experteninterview, 12.07.2005, (siehe Anhang).
[329] Fink, Diversifikation, 2003, S. 157 f.
[330] Vgl. Mirow, Größe, 2003, S. 148 f.

te, die Induzierung von Zusatzkäufen. An die bestehende Kundenbasis können Beteiligungsmodelle anderer Gattungen vermarktet werden. Damit wird nicht zuletzt eine Unabhängigkeit von der möglichen Sättigung der Immobilienquote im Portfolio erreicht.[331]

Die ständige Erweiterung des Produktspektrums bedeutet aber zunächst die Notwendigkeit der Erweiterung vorhandener Kernkompetenzen und einhergehend eine hohe Kostenintensität. Das Unternehmen hat die Möglichkeit die intern vorhandenen Ressourcen adäquat zu verteilen, neue Kompetenzen aufzubauen oder diese zuzukaufen. Eine interne Re-Orientierung hat zur Folge, dass bei begrenzten Kapazitäten andere Unternehmensbereiche ggf. zurückgefahren oder als ultima ratio abgebaut werden müssen. Der Aufbau neuer Kompetenzen ist vor allem zeit- und kostenintensiv. Einer solchen Inhouse-Lösung stehen die unter Umständen nicht unerheblichen Mehrkosten beim Erwerb von externem KnowHow gegenüber. Der Einkauf externer Dienstleistungen ermöglicht allerdings eine schnelle und vor allem flexible Anpassung an unvorhersehbare Marktentwicklungen. Diesem Prinzip folgt beispielhaft der Fondsanbieter MPC. Die generalistische Marktbearbeitung erfolgt mittels fachspezifischen Zukaufs von KnowHow. Dem Unternehmen wurde es dadurch in der Vergangenheit ermöglicht, in nahezu allen Segmenten des Beteiligungsmarktes zu agieren und den Wettbewerb im Fondsgeschäft zu dominieren. Dies schlägt sich auch im Claim des Unternehmens „One Stepp ahead" nieder.[332] Für die Positionierung hat dies zur Folge, dass neben den üblicherweise verfolgten Sicherheits- und Renditeaspekten innerhalb der Positionierung vor allem auch (Produkt-) Innovationen fokussiert werden können.[333]

3.2.3. Flankierende Strategieelemente

Im Beteiligungswettbewerb existieren noch zahlreiche weitere Strategieelemente zur Umsetzung von Positionierungsfaktoren. Diese werden durch die Initiatoren i.d.R. flankierend eingesetzt und ergänzen damit lediglich den wettbewerblichen Strategiemix.

---

[331] Vgl. D'Aveni, Hyperwettbewerb, 1995, S. 79.
[332] Vgl. o.V., Erfolgsgeschichte, 2004, S. 29.
[333] Vgl. Rohmert (Hrsg.), Der Immobilienbrief, 2005, S. 15.

3.2.3.1. Zweitmärkte

Mit der Etablierung funktionierender Zweitmärkte bzw. entsprechender Plattformen haben einige Initiatoren versucht, dem kritischen Faktor geringer Fungibilität der Fondsanteile entgegenzutreten. Damit kann der Positionierungsfaktor Liquidität hervorgehoben werden. Dies betrifft in erster Linie die Initiatoren DB Real Estate und Jamestown. Im Gegensatz zur Mehrheit der Anbieter am Markt verläuft der Handel hier nicht in passiver sondern in aktiver Form. Das bedeutet, es werden permanent Verkaufs- und Kauforders entgegengenommen und in regelmäßigen Zeitintervallen wird versucht, Angebot und Nachfrage zusammenzubringen (sog. Market-Maker-Funktion).[334] Durch die Initiatorseite werden dabei unterstützend Preisempfehlungen bekannt gegeben und Angebotsüberhänge temporär ausgeglichen. Ferner wirken diese Initiatoren mit bei der (Order-) Abwicklung bzw. bei der Übertragung der Fondsanteile (sog. Clearing-Funktion).[335] Die aktive Zweitmarktpolitik der Initiatoren schafft mit einer derartig verbesserten Fungibilität der Fondsanteile weitere Argumente für ihren Vertrieb. Unsicherheiten bei der Investitionsentscheidung werden somit beseitigt, was gleichzeitig das Vertrauen der Anleger erhöht.[336] Vor allem initiatorenfremde Plattformen des Zweitmarkthandels sind jedoch vor dem Hintergrund hoher Listingkosten und bislang geringer Frequentierung eher als ein flankierendes Instrument anzusehen.[337]

3.2.3.2. Ansparmodelle

Auch sogenannte Ansparkonstruktionen können innerhalb der Marktbearbeitung strategisch Anwendung finden. Zum einen ist eine Anteilsfinanzierung denkbar. Diese findet innerhalb des Marktsegmentes unter anderem aufgrund der dann gegebenen Abhängigkeit des Initiators von der Bonität der Zeichner kaum Anwendung. Dennoch könnte sie die Fokussierung neuer Zielgruppen bspw. mit einer höheren Liquiditätspräferenz oder einem niedrigerem Einkommensniveau ermöglichen.[338]

Die zweite Variante umfasst das Re-Investment der Ausschüttungen in neue Fondsanteile. Mit einer solchen Konzeption ist es möglich, Anleger mit einer

---
[334] Siehe dazu Hielscher/Singer/Grampp, Börsenlexikon, 2002, S. 301.
[335] Siehe dazu Hielscher/Singer/Grampp, Börsenlexikon, 2002, S. 105 f.
[336] Vgl. Nowak/Becker, Zweitmarktsituation, 2005, S. 16 ff.
[337] Vgl. dazu Hennig, Experteninterview, 11.07.2005, (siehe Anhang).
[338] Vgl. Boutonnet/Loipfinger, Geschlossene Fonds, 2004, S. 49 f.

verstärkten Präferenz für den Aspekt der Steigerung des Vermögensendwertes zu avisieren. Beispielhaft findet diese Gestaltungsmöglichkeit beim Initiator Jamestown Anwendung. So kann laut Prognoserechnung beim Jamestown 25 „classic" durch Wiederanlage bei einem Anfangsinvestment in Höhe der Mindestbeteiligung von 30.000 USD zzgl. Agio ein Vermögensendwert von 63.815 USD erreicht werden. Anleger profitieren vom Zinseszinseffekt und partizipieren in erhöhtem Umfang von der Wertsteigerung des Objektes.[339] Eine Ansparkonstruktion ist aber auch in Verbindung mit anderen Asset-Klassen denkbar. Dies kann bspw. durch die Möglichkeit des Re-Investments bestehender Ausschüttungen in Investmentfonds verschiedener Anlageklassen realisiert werden. Zielsetzung ist hier neben der Steigerung des Vermögensendwertes eine zusätzliche Risikodiversifikation. Für den Initiator, welcher im Unternehmensverbund zugleich Investmentfonds distribuiert, bedeutet diese Kombination ein überaus hohes Add-On-Selling-Potential. Beispielhaft hat MPC ein solches Konzept entwickelt. In Zusammenarbeit mit der Fondsplattform ebase[340] kann der Anleger die Ausschüttungen aus seinen geschlossenen Fonds in die drei Dachfonds der MPC oder auch in den Aktienfonds MPC Europa Methodik investieren. Der Ausgabeaufschlag reduziert sich dabei von ursprünglich 5 auf 3%. Zielsetzung bilden auch hier die Vermögensendwertmaximierung und die Streuung des Risikos.[341]

3.2.3.3. Exitstrategien

Die Konzeption von Exitstrategien innerhalb der Fondskonstruktion tangiert vor allem die Faktoren Liquidität und Rendite der Positionierung.

Die Offerte von Ausstiegsmöglichkeiten in Notsituationen kann risikoavers agierende Anleger, die sich vor allem durch eine hohe Liquiditätspräferenz auszeichnen, zu einer Beteiligung nachhaltig motivieren. In diesem Zusammenhang ermöglicht es Jamestown seinen Anlegern, Anteile zu 100% des Verkehrswertes zurückzugeben. Die Gebühr beläuft sich dabei auf maximal 5% des Verkehrswertes. Das Rückgaberecht kann bspw. bei Arbeitslosigkeit (von mehr als 3 Monaten), Insolvenz, Scheidung, Berufsunfähigkeit oder Tod des Anlegers aus-

---

[339] Vgl. Jamestown (Hrsg.), Prospekt Jamestown 25, 2004, S. 7.
[340] Siehe dazu http://www.ebase.de.
[341] Vgl. Schweer, Zinseszinseszins-Effekt, 2004, S. 13 f.

geübt werden. Allerdings müssen diese Umstände binnen sechs Monate nach Beitritt eingetreten sein und entsprechend nachgewiesen werden.[342]

Der bereits innerhalb der Fondskonzeption vorausgeplante Exit aus dem Investment zielt hingegen auf Anleger ab, welche die Chance auf Wertsteigerung bzw. die gesicherte Werterhaltung, möglichst hohen ggf. zyklischen Ausschüttungen vorziehen. Beim Initiator US-Treuhand wird diese Exit-Sicherheit durch die Integration des amerikanischen Mitinvestors erreicht. Dieser hat ein Vorkaufsrecht (Kaufoption) auf die Immobilie zu einem vorab festgelegten Mindestpreis. Im Gegenzug besitzt die Fondsgesellschaft das Recht, die Anteile des amerikanischen Mitinvestors an der Immobilie zu attraktiven Konditionen zu übernehmen, sofern dieser von seinem Vorkaufsrecht keinen Gebrauch macht. Das Wertentwicklungsrisiko wird dadurch weit reichend auf den Beteiligungspartner verlagert.[343] Allerdings ist davon auszugehen, dass diese Risikoallokation zu Lasten der Performance, z.B. in Form von Renditeabschlägen, erfolgt.

Grundlegend ist zu konstatieren, dass die Initiatoren zu den Strategien im Wettbewerb i.d.R. keine eindeutige Positionierung verfolgen. Die Ausrichtungen im Wettbewerb stellen vielmehr eine Verknüpfung der verschiedenen Key-Positioning-Faktoren dar.[344] Durch objekt- bzw. fonds- und initiatorgebundene Marktaktivitäten wird parallel eine Vielzahl von Entscheidungskriterien auf Kundenseite fokussiert. Um sich nachhaltig mit dem Ziel der Unique Selling Proposition, d.h. der Alleinstellung zu positionieren, ist eine eindeutigere Festlegung der strategischen Stoßrichtung notwendig. Eine Alleinstellung wäre bspw. mit der Positionierung als ausschließlicher Anbieter von High-Performance-Produkten möglich. Denkbar wäre aber auch, ausschließlich als Anbieter sicherheitsorientierter Fondsprodukte aufzutreten. Dies könnte beispielhaft konstruktionsbezogene Sicherheitskonzepte oder aber auch die Emission von Mehr-Objekt-Fonds umfassen.

---

[342] Vgl. Jamestown (Hrsg.), Prospekt Jamestown 25, 2004, S. 15.
[343] Vgl. US Treuhand (Hrsg.), Prospekt UST XIV, 2004, S. 5.
[344] Siehe dazu Kapitel 2.1.2.2., S. 43 ff.

4. Fazit

Der Markt der geschlossenen Immobilienfonds befindet sich im Wandel zu einem höheren Niveau der Professionalisierung. Dies betrifft vor allem die Strategien zur Positionierung und das Marketing insgesamt. Bislang konzentrieren sich die Marketingmaßnahmen lediglich auf verkaufsfördernde und kommunikative Aspekte. Für die Vertriebe und Initiatoren scheint die Kundenseite zudem nur bis zur Zeichnung des Produktes interessant. Um langfristige Kundenbeziehungen aufzubauen und Loyalitätseffekte wie Customer-Retention bzw. Add-On-Selling zu ermöglichen, bedarf es der Konzentration auf die tatsächlichen Eigenschaften der Fondsprodukte und die aus Kundensicht nutzenbasierten Schlüsselfaktoren. Erst mit der Kenntnis der Bedürfnisse und Nutzenerwartungen der Kunden werden eine gezielte Marktbearbeitung und eine tatsächliche Alleinstellung möglich. Als problematisch erweist sich in diesem Zusammenhang eine systematisch bedingte geringe Kundennähe der Emittenten. Der indirekte Kontakt zur Kundengruppe über die Vertriebsebene erschwert Ansätze zur Unternehmenspositionierung. Ein Markenaufbau, wie in anderen Branchen verbreitet, scheint in dieser Konstellation nahezu unmöglich, da das markenbedingte Qualitätssignal nicht direkt von der Kundenseite wahrnehmbar ist. Somit ist es für die Initiatoren von Beteiligungsmodellen unabdingbar, Systeme zur Kompensation bzw. Überbrückung dieses Gaps zu entwickeln.

Für eine vertiefende Diskussion der Positionierungsthematik gilt es zunächst die zugrunde liegenden Schlüsselfaktoren für dieses Anlagesegment in einer umfassenden Marktanalyse bspw. unter Einbeziehung von Focus-Groups zu generieren und letztlich unter Integration der Kundenseite zu verifizieren. Darüber hinaus muss in diesem Zusammenhang die Mehrschichtigkeit der Nachfragerseite (Anspruchsgruppen Vertrieb und Endkunden) Berücksichtigung finden. Erst auf Basis dieser Daten ist für die Initiatoren geschlossener Immobilienfonds eine nachvollziehbare und aus Nachfragersicht konsistente Positionierung möglich.

Rein kommunikative und marktbearbeitungsbezogene Positionierungsansätze, wie sie im bestehenden Marktumfeld, in Anlehnung an die Konsumgütermärkte[345] bereits praktiziert werden,[346] erfassen die Problematik nur oberflächlich. Im Markt der Immobilienbeteiligungsmodelle ist eine weitgehende Homogenität der Güter, vor allem aufgrund der Sensibilität des Produktes und der damit ho-

---

[345] Vgl. Mäder, Markenpersönlichkeit, 2005, S. 1 f.

[346] Siehe dazu Zitelmann, Macht der Positionierung, 2005.

hen kognitiven Einbindung bei der Investmententscheidung, anzuzweifeln. Dahingehende Entwicklungen zur Positionierung sind somit unzureichend und entsprechend zu verwerfen.

Anhang

IVG ImmobilienFonds GmbH
Zanderstraße 5
53177 Bonn
Interviewpartner: Carsten Hennig
Funktion: Fondsmanager
Interviewtermin: 11.07.2005
Interviewtechnik: Telefoninterview

Themenbereich 1: Positionierung

Welche strategische Positionierung innerhalb des Marktes für geschlossene Immobilienfonds streben Sie mit Ihren Produkten und damit Ihrem Unternehmen an?

Das besondere an den Auslandsfonds der IVG ist, dass sie anders als viele unserer Mitbewerber lokal vor Ort präsent ist. Das heißt, man verfügt beispielsweise in London über eine Niederlassung, die dort seit über zehn Jahren tätig ist und dadurch intime Marktkenntnisse hat, lokaler Player ist und dadurch auch selber eine eigene Research-Kompetenz und auch Zugang zu interessanten Objekten hat. Das ist vor dem institutionellen Hintergrund der IVG natürlich ein Vorteil, den viele andere nicht haben und der, wenn man von Deutschland aus allein operieren würde, nur schwer reproduzierbar ist. Das heißt, wie wir uns positionieren ist, eben über unsere lokale Vor-Ort-Präsenz. Damit sind wir in der Lage attraktive Projekte zu bekommen, für die eigentlich nur ein kleiner Nachfragerkreis vorhanden ist. Seien es Portfolioverkäufe, wo man sich vielleicht ein oder zwei Objekte herauslösen kann für einen Fonds. Das ist ein Zugang, wie ihn meines Wissens vielleicht nur ein oder zwei andere am Markt haben. Die IVG hat sich eben auf die Fahnen geschrieben, durch ihre Präsenz in 20 europäischen Ländern, in den Hauptstädten, im Prinzip in Kenntnis der Zyklen, für Privatanleger [...] Anlagekonzepte aufzulegen, die eben vom Timing her, von der Immobilie, vom Konzept usw. stimmen.

Wird der Markt für geschlossene Immobilienfonds durch zentrale Schlüsselfaktoren der Positionierung determiniert? Welche Schlüsselfaktoren könnten dies sein?

Schlüsselfaktor ist in erster Line die langfristige Tragfähigkeit solcher Beteiligungskonzepte. Um diese sicherzustellen, arbeitet man eben nur mit Objekten in erster Lage, also in 1-A Lagen, die einfach auch unter dem Gesichtspunkt der Nachhaltigkeit eine langfristige Vermietung haben. In der Regel handelt es sich dann auch um nicht nur in der Lage erstklassige Objekte, sondern eben auch von der Bau- und Ausstattungsfähigkeit. Wir achten auch einerseits auch auf langfristige Mietverträge aber eben auch insbesondere auf die Multi-Tenant-Fähigkeit, das heißt also, dass eben auch mehrere Nutzer das Objekt sich teilen können in der Bewirtschaftung.

Bei Heranziehung des Dreiecks der Vermögensbildung ergeben sich die Determinanten Rendite, Sicherheit und Liquidität. Welche erfolgswirksamen Subfaktoren können Sie für Ihr Unternehmen aus diesen Faktoren herauskristallisieren?

Es ist die Frage, wie man das Thema sieht. [...] Insbesondere, wenn man nur in Auslandsfonds denkt, wie die IVG-Geschlossene Immobilienfonds-Schiene, dann ist natürlich primäres Zeichnungsmotiv, vielleicht ein steuerneutrales Alterseinkommen zu generieren. Das heißt durch Ausnutzung von Doppelbesteuerungsabkommen, man könnte das ganze Thema ja Treaty-Shopping nennen, d.h. Einkauf von Doppelbesteuerungsvorteilen, so dass man zum Beispiel in England bei 75.000 Euro [...] seine Einnahmen bis auf den Progressionsvorbehalt steuerfrei vereinnahmen kann. Das gleiche gibt es ja genauso für Holland und andere europäische Länder. Das heißt, wir bieten dem Anleger eigentlich insofern im Vergleich zu Deutschland, dem Hochsteuerland, Investitionsmöglichkeiten, sein Risiko, seine Immobilienkapitalanlagen und sein Portfolio zu diversifizieren, zu streuen in verschiedene Länder und aber insbesondere steuerneutrale Einnahmen zu generieren.

Dabei spielt die Ausschüttung natürlich eine Rolle. [...] Die Ausschüttung ist ja immer eine risikoadäquate Verzinsung. Das hängt immer ab von dem Land und dessen Zyklus. Im Augenblick sollte man in England nichts unter 6% etwas anbieten [...], bei Holland wären es 6,6 bis 7%.

Wertentwicklung – Es handelt sich um Sachwertinvestitionen, die dann ja über die Indexierung sich der Wertentwicklung anpassen. Jetzt Fonds zu machen, die [...] über dem Markt liegen, die also Mietrenditen haben, die man heute nicht mehr erzielen würde und eine Anschlussvermietung, machen wir nicht. Es geht uns um die nachhaltige Erzielbarkeit mit der Phantasie am Ende. Obwohl natürlich keiner weiß, was in 15 oder 20 Jahren ist. Aber speziell in England ist das ja deutlich professioneller als in Deutschland, weil dort eben mit Maklern gearbeitet wird. [...] Die Firmen haben natürlich Datenbasen über abgeschlossene Mietverträge und gelaufene Objektverkäufe. Das gibt uns intimen Einblick und eine Wertentwicklung ermöglicht.

Wir finanzieren währungskongruent, d.h. wenn wir die Mieteinnahmen in Pfund bekommen, machen wir auch die Finanzierung in Pfund. So dass das Delta [...] des Einnahmenüberschusses nach Abzug des Kapitaldienstes das Risiko sozusagen vermeide. Wir arbeiten auch mit entsprechenden Schwankungsreserven, die dann eben in die Prognoserechnung eingestellt sind.

Fondslaufzeit – Hierbei muss man sehen, dass es hinsichtlich der Kürze der Laufzeit beschränkt ist auf mindestens 10 Jahre Haltedauer, weil man ja sonst Spekulationsfristen einzuhalten hat, die dann die Veräußerungsgewinne steuerbar machen. Das wollen wir vermeiden indem die Laufzeit mindestens 11 Jahre beträgt. Bei der Laufzeit wird man sich auch immer an der Laufzeit des Mietvertrages orientieren.

Mindestbeteiligungshöhe – Aufgrund der Tatsache, dass man hier letztendlich kleine Länderportfolios zusammenstellen kann [...] ist es sinnvoll die Stückelung, bei der IVG sind es ab 15.000 Euro, eben auch kleineren vermögenden Anlegern zukommen zu lassen. Das gilt für die Publikumslinie geschlossene Immobilienfonds. Darüberhinaus wird die IVG ImmobilienFonds GmbH natürlich auch Beteiligungsofferten für ein anderes Zeichnerklientel, was man vielleicht bei Privatbanken oder Family Offices vorfindet, Stückelungen ab 250.000 oder 300.000 Euro anbieten.

Die Gewichtungsreihenfolge fällt mir vor dem Hintergrund schwer. Rendite, Sicherheit, Liquidität – am besten alle drei. [...] Wir haben eher qualitative Kriterien, wie Bonität der Mieter, Laufzeit der Mietverträge, erstklassiges Objekt in einer guten Bauqualität mit dem Anlegernutzen DBA auszunutzen und natürlich auch wachsende Erträge zu haben.

Spielen für die Kundenseite bei der Fondsselektion weitere Faktoren wie bspw. Emotion oder Innovation eine Rolle? Inwieweit sind Ausprägungen solcher Faktoren denkbar?

Es ist so, dass wir natürlich schon eine photogene Lady haben wollen. Wir wollen kein reines Mietvertragsvehikel haben, was keinen Sex Appeal hat. Wenn man also Emotion und eine Wertigkeit der Immobilie zeigen kann, ist das Identifikationspotential mit dem Anleger natürlich deutlich größer. [...] Deswegen haben wir eine Qualitätsorientierung. Die Qualität äußert sich, über die gewählten Materialien, ob es Sandsteinfassaden sind, irgendwelche Glasgeschichten oder eben Sicherheitsaspekte. Jetzt in London beispielsweise wegen der Terroranschläge, spielt dieses Thema des Sicherheitsaspekts auch eine Rolle.

Was den Faktor der Innovation anbetrifft – Wenn man neu am Markt ist, wenn man ein neues Land angeht, ist das für ja an sich schon einmal eine Innovation. Bei unserem neuen Fonds, da denkt man natürlich darüber nach, inwieweit man andere Wege geht, um zum Beispiel die Grunderwerbssteuer zu sparen. Die [...] lässt sich eben nicht umgehen, aber vermeiden. Wir arbeiten mit internationalen Rechtsanwaltskanzleien und Steuerberatungsgesellschaften, die dann eben ganz hilfreich sind. Diese Ressourcen dürften andere Initiatoren in der Form wahrscheinlich nicht haben. Insofern spielt Emotion und Innovation natürlich immer eine Rolle. Weil die IVG ja eigentlich auch einer der neuen Player ist, was überhaupt internationale Immobilienkapitalanlagen angeht - USA wie Jamestown außen vor, wo das Thema durch Jamestown besetzt ist. [...] In anderen Bereichen hat sich das noch nicht so klar herausgebildet.

Sehen Sie für Ihre Produkte K.O.-Kriterien? Wie äußern sich diese K.O.-Kriterien bzw. welche Kriterien muss ein Fondsprodukt erfüllen, um am Beteiligungsmarkt zu bestehen?

Es gibt natürlich K.O.-Kriterien. Wenn man weiß, wenn die Miete nicht Markt sondern über Markt ist. Dann ist man zwar in der Lage während der Laufzeit optisch hohe Ausschüttungen zu bringen, aber die Frage steht dann bei der Anschlussvermietung, wo landet man denn dann. Deswegen würden wir keine Immobilien machen, die overrented sind, wenn sie nicht auch gleichzeitig ein Korrektiv beinhalten, indem man eben einen Preisnachlass bekommt. Es muss immer eine Mindestverzinsung möglich sein, wir haben schon Zielrenditenvorstellungen für die einzelnen Länder. Wenn die nicht erreichbar sind, aufgrund auch der internen Kalkulation um einen Fond „darauf zu packen", um die Finanzdienstleistungen „drumherum zu stricken", dann muss man eben sehen, ob man mit seinen Produkteckdaten gut landen kann und ob die akzeptiert werden vom Markt. Es lässt sich sicherlich immer 0,25 oder 0,5% argumentieren über die besondere Güte und Klasse. Die meisten gehen ja doch nach der Höhe der Ausschüttung vor. Und da ist bei uns dann eben ein Ende, für den Kauf einer überteuerten Immobilie, weil die Zukunft letztlich nicht plausibel darstellbar ist.

Themenbereich 2: Marketinginstrumente

Produktpolitik

Inwieweit beeinflussen produktpolitische Entscheidungen (Akquisition, Konzeption, Vermietungsmanagement) die Positionierungsfaktoren Rendite, Sicherheit und Liquidität und entsprechende Ausprägungen?

Es ist so: Wenn ich einen erstklassigen Mieter habe, dann muss man diese höhere Sicherheit einbeziehen. Wenn es institutionelle Qualität ist, wird diese immer eine geringere Verzinsung bringen und eine Bestlage mit einem höheren Grundstücksanteil kann einfach auch nicht soviel bringen, wie ein „Flachmann auf der grünen Wiese, der sich innerhalb eines kürzeren Zeitraums amortisieren müsste. [...] Wir haben eben den Vorteil durch die Vor-Ort-Präsenz in Zusammenhang mit den führenden Maklerhäusern [...] einfach vertrauensvoll in Kenntnis der anderen Deals in der Objektumgebung, ein Preisempfinden entwickeln zu können. Das hat natürlich dann eben Auswirkungen auf den Anlegernutzen. [...] Die Konzeption bei unserem neuen Fonds, wenn man die Möglichkeit hat die Grunderwerbssteuer zu sparen indem man den Sitz der Gesellschaft auf eine Kanalinsel in England verlegt – dann sind das 4%. Die machen sich natürlich rentabilitätserhöhend bemerkbar. Insofern spielt die Konzeption natürlich eine große Rolle. Denn, wenn man das falsch macht, dann ist das ja fast eine Jahresmiete an Kosten, die man sich sparen kann und die man dem Anleger in Form höherer Ausschüttungen zu Gute kommen lassen kann. Das Vermietungsmanagement – das ist nur begrenzt erforderlich. Wir kaufen ja letztendlich neu erstellte Immobilien mit lang laufenden Mietverträgen. Was anderes wäre es, wenn wir jetzt Projektentwicklungsfonds hätten, dann würde das Vermietungsmanagement deutlich größeren Anteil haben. [...] Das Vermietungsmanagement wird natürlich zu Rate gezogen. Das haben wir in London ja auch selber, so dass wir da auch den Input einholen, inwieweit die Mieten Markt sind oder nicht. Insofern wird das fundamental analysiert. Eben auch über steuerliche und rechtliche Aspekte. [...] All das spielt natürlich eine Rolle und hat Auswirkungen. Intern führt das eben zur Einkaufsentscheidung oder nicht.

Welche Gestaltungsmöglichkeiten räumen Sie der Höhe der Laufzeit ein? Welche Kriterien determinieren die Fondslaufzeit?

[...] Wir stellen unter anderem auf die Laufzeit der Mietverträge ab, so dass man dann letztendlich auch eine Exitstrategie zeitlaufkongruent realisieren kann. [...] Man beobachtet ja den Markt weiterhin. Auch wenn die Gesellschaften i.d.R. auf unbestimmte Zeit errichtet sind und es frühestmögliche Kündigungstermine gibt, ist es aber davon unabhängig, dass man, wenn der Marktzyklus stimmt, auf der Gesellschafterversammlung eine vorzeitige Objektverwertung ermöglichen kann.

Was halten Sie von Exitmöglichkeiten in Notsituationen?

Dies haben wir auch. 10% der Liquidität für Arbeitslosigkeit, Tod und [...] Sondernotfälle. Da bietet man abhängig vom Zeitfenster den Rückkauf zu 80 oder 90% an, der Anleger erhält also sein Geld nicht zu 105 % zurück.

Welche Zweitmarktaktivitäten gibt es bei der IVG?

Wir arbeiten unter anderem mit GEFOX aber auch an der Hamburger Wertpapierbörse sind Anteile gehandelt. Bei GEFOX ist es so: da ist einer unserer Fonds gelistet ist mit 119%. [...] Das ist einerseits erfreulich, weil die dahinter stehende Qualität reflektiert wird. Andererseits werden Begehrlichkeiten geweckt, die GEFOX gar nicht befriedigen kann, weil gar keine Nachfrager in der Form da sind. Wir haben Fungibilität und arbeiten mit GEFOX. Wir werden aber auch bei den künftigen Emissionen nicht im Vorhinein den Zweitmarkt andenken, sondern es den Gesellschaftern auf der Gesellschafterversammlung anbieten, die Listingkosten für ihr eigenes Listing letztendlich zu zahlen. Wobei wir da aber die Empfehlung aussprechen, [...] dass es keinen Sinn macht, bei eine langfristig motivierten Beteiligung schon nach einem oder zwei Jahren die Fungibilität darstellen zu wollen (bis auf diesen Notfall) weil es dem Charakter der Anlage keine Rechnung trägt. Und weil diese Listingkosten, 5-stellige Eurobeträge, die jährlich anfallen eine unnötige Kostenposition sind. Sie führen ja nicht zu einer Nachfrage oder eben zu erfolgreichem Zweithandel.

Preispolitik

Welche Rolle spielt bei Ihren Produkten die Höhe der weichen Kosten? Sehen Sie den Kostenfaktor als Preisinstrument/Kann über Kostentransparenz und Minimierung der weichen Kosten im Wettbewerb agiert werden?

Wenn wir ein Objekt einkaufen (wir haben ja keine eigene Vorratsgesellschaft, machen keine Projektentwicklung) dann können wir keine Kostenpositionen reinpacken, indem es Vorerwerber gibt und die weichen Kosten derart verschleiern. Damit belegen wir mit den neu aufgelegten Fonds, [...] dass wir die Preiswürdigkeit der Immobilie genau bestimmt haben, so dass die Anleger sicher sein können. Gleichwohl ist es so, dass man um aus einem Gebäude ein Finanzdienstleistungsprodukt zu machen, bestimmte Dienstleistungen übernehmen muss. [...] Man kauft eine Immobilie ein, hat insgesamt vielleicht 10% Zusatzkosten zur Abdeckung der gesamten weichen Kosten – wie Fondsverwaltung, Treuhandschaft, Steuerberatung und externe Vermittlungsprovision, die zu zahlen sind. Damit halten wir die weichen Kosten niedrig. [...] Ich weiss Keinen, der das wesentlich günstiger machen kann. [...] Der Kostenfaktor als Preisinstrument: ich denke, dass die IVG günstig ist, aber es gibt auch ein Mindestmaß an weichen Kosten, sonst kann man die Leistung nicht erbringen.

Bei anderen Gesellschaften gibt es aber interne Verflechtungen, so dass man davon ausgehen kann, dass Kosten nicht marktgerecht angesetzt werden.

Das sind Gewinnabschöpfungen. Das ist bei der IVG nicht so, weil wir wirklich am Markt einkaufen und uns insofern diese Gestaltungsoption nicht gegeben ist.

Wie beurteilen Sie die Tendenz zum Weglassen von Garantieleistungen (z.B. Mietgarantien) auf Initiatorseite?

[...] Das ist ein Relikt aus der Sonder-Afa-Zeit. Wir haben keine Mietgarantien, wir haben lediglich eine Platzierungsgarantie, die eine Rückabwicklung ausschließen soll. Das ist noch sinnvoll. Weitergehende Garantien machen nicht unmittelbar Sinn. Das sind auch Gewinnabschöpfungsinstrumente. [...] Wenn man ein voll vermietetes Objekt hat, mit tollem Mieter und erster Bonität, dann würde eine Mietgarantie das Produkt nur verteuern. Man könnte sagen, man hat das zum Investitionszeitpunkt Notwendige und Erforderliche getan – zur höchstmöglichen Sicherheit. Und dann ist das Risiko vielleicht auf 1.000 Schultern besser aufgehoben als auf einer Schulter. Das ist etwas, wo ich sagen muss, dass die Mündigkeit der Anleger deutlich geweckt werden muss und mehr Selbstverantwortung übernommen werden muss. [...] Ich kann mir nicht vorstellen, dass die IVG etwas derartiges, wie Mietgarantien, macht.

Welche Gestaltungsmöglichkeiten räumen Sie der Höhe der Mindestbeteiligung ein? Welche Kriterien determinieren die Höhe der Mindestbeteiligung?

Von Ansparmodellen halten wir gar nichts, weil die Leistungsstörung vorprogrammiert ist. [...] Da sind die Verwaltungskosten so hoch, dass sie die Rendite auffressen. [...] Die Mindestbeteiligung sollte so gewählt werden, dass eben auch die DBA voll ausgenutzt werden können. Es hängt davon ab, welchen Vertriebsweg man wählt. Wenn man also über das Bankhaus Oppenheim Private Placements macht, dann kann die Mindestbeteiligung Ausdruck einer notwendigen Exklusivität sein, um die Anlegerschar klein zu halten. Ansonsten sind das klassische Publikumsfonds, die bei 15.000 Euro Mindestbeteiligung mehr dem Portfoliobeimischungsgedanken Rechnung tragen.

Distributionspolitik

Welche Distributionsformen nutzen Sie bei Ihren Produkten? (bspw. Direkt-, Bank- und Drittvertrieb)

Wir nutzen als Vertriebsweg Geschäftsbanken, genauso wie Sparkassen, Landesbanken, Privatbanken, Genossenschaftsbanken und wir arbeiten auch durchaus mit efonds24 zusammen sowie mit ausgewählten Anlageberatern. [...] Der Vorteil bei den Geschäftsbanken ist, dass diese größere Beträge querschreiben und dann eben bei weitem nicht so betreuungsintensiv sind, wie die kleineren, die i.d.R. keine eigene Beurteilungskompetenz haben. Die Geschäftsbanken prüfen, sagen „Okay, wir machen 20 Millionen", dann schulen sie sich selber. [...] Deswegen kommen die „Einzelkämpfer" selten zum Zug. Dann ist der Fonds schon längst ausplatziert. Wir sind aber gleichwohl auf allen Wertschöpfungsketten vertreten.

Welche Rolle spielen größere Strukturvertriebe?

AWD und OVB sind kein Thema für unser Haus. Richtig ist, dass wir mit der Bonnfinanz arbeiten. Als Ex-Deutsche Bank-Tochter genießt sie ein hohes Ansehen. [...]

Welche Rolle spielt bei der Vertriebskanalsegmentierung die Beeinflussbarkeit des Vertriebs?

Es ist ja so: Egal welche Geschäftsbank, die haben Einkaufsabteilungen bzw. Produktprüfungsabteilungen. Die bekommen den Prospekt und nehmen den auf „Herz und Nieren" auseinander und sagen dann „okay, wir machen!". Wie die das dann intern machen, das ist Sache des Vertriebspartners. Es ist nur so, dass wir ja immer nur kurze Zeitfenster bekommen. Wenn sich eine Commerzbank für ein Produkt entscheidet, dann gibt es einen Zeitkorridor von 1. September bis 15. Oktober. Das ist unsere Planung und in dieser Zeit muss der Fonds platziert werden. Danach packt man das Produkt auch gar nicht mehr an. Mit denen ist anders umzugehen als mit anderen, die mehr oder weniger als Daueremittent über Jahre rumlaufen können und den Fonds versuchen zu verkaufen.

Die Mitspracherechte sind auch andere. Einem Einzelkämpfer wird man nie einräumen, dass er mitreden kann beim Prospekt. Wenn man dann mit einer HVB redet, dann sagen die, wir haben Usancen hier im Haus, da muss dieses oder jenes anders sein und dann wird man das Produkt dementsprechend eventuell textlich verändern und da gibt es vielleicht ein paar Mitsprachemöglichkeiten, abhängig von der Wichtigkeit.

Inwieweit unterscheiden sich die verschiedenen Absatzwege in ihrer Wirkung bzgl. Kundengruppen, Vertriebskosten u.a. Faktoren?

Die Absatzwege in ihrer Wirkung – habe ich eine Großbank, die sagen „nein", dann habe ich ein Problem. Sagen zwei Großbanken „nein" habe ich noch ein größeres Problem. Das ist genau der Grund dafür, dass wir mehrgleisig fahren. Das heißt über Landesbanken mit den Sparkassen, mit Genossenschaftsbanken, eben auch über Privatbanken, so dass wie eigentlich hoffen, über die mehreren Standbeine nie in die Situation zu kommen, einen Fonds nicht platzieren zu können.

Kommunikationspolitik

Unterscheiden Sie zwischen fondsgebundenen und initiatorgebundenen Kommunikationsmaßnahmen?

Imagekampagnen machen wir meines Wissens nicht. Es ist natürlich so, dass über die IVG AG die Pressearbeit gemacht wird. Wir von uns aus, denken darüber nach, kleine Broschüren aufzulegen, bspw. „Was muss ich beachten bei Immobilieninvestitionen in England". Das kann man natürlich als länderbezogene Kommunikationsmaßnahme sehen, man könnte sie aber auch als produktbezogen definieren. [...] Es macht Sinn, imagebezogene Anzeigen zu machen, sich als Anbieter zu positionieren, der eben über seine lokale Präsenz interessante Investitionsgelegenheiten eröffnen kann. Fondsgebunden ist eben dann das konkrete Produktangebot.

Welche kommunikationspolitischen Maßnahmen nutzen Sie bei der Vermarktung Ihrer Produkte?

Aus meiner Sicht sind Anzeigen die teuerste Lösung. Es ist sinnvoller, seine Kompetenz in Form von Fachartikeln zu dokumentieren und über diese Ebene Nachfrager zu produzieren, als über Produktanzeigen irgendwelche Leads zu generieren.

Wie hoch ist die Gewichtung von Ratings und anderen Zertifikaten einzustufen? Wo liegt deren Wirkungsansatz?

Die Ratings von Scope und Feri dienen aus meiner Sicht nur der Exkulpierung und dem Füllen der Bankordner. [...] Ich glaube, dass die Ratings nicht wirklich den Absatz befördern. [...] Sie dienen der Plausibilitätsprüfung. [...] Es ist immer ein zusätzliches Plus. Wenn man ein Initiator mit institutionellem Hintergrund, mit eigenen Niederlassungen, tollen Produkten ist und das auch noch bestätigt wird, dann wird das positive Gesamtbild dann hoffentlich abgerundet. [...] Im Bereich der Kapitalanlagen ist es aus meiner Sicht so, dass es immer ein persönlicher Verkauf ist. Der Kunde kennt die Instrumente nicht und der Anlageberater kann seine Kompetenz beweisen, indem er die Namen fallen lässt, aber ob er es jemals gelesen hat, würde ich dann auch noch bezweifeln. Das ist ja durchaus komplex, wenn Scope 60 bis 70 Seiten [...] veröffentlicht. [...]

Würde eine Initiative zur Steigerung der Bekanntheit der Ratings der Branche nützen?

Man muss sehen, dass das richtig Geld kostet. Das hängt ab von der Objektgröße, ob es ein spürbarer Posten ist oder nicht. Es ist so, dass ein IDWS4 bislang ausgereicht hat. Jetzt kommt BAFIN dazu. Man hat also alle Infos drin. [...]

Inwieweit greifen bei Ihrem Unternehmen Maßnahmen aus dem Customer Relationship Management?

Da ist es so, dass man natürlich Geschäftsberichte hat, über den Jahresabschluss informiert, man die Sonderwerbungskosten gegebenenfalls einverlangt und alles zur Wahrnehmung der steuerberatenden und treuhänderischen Aufgaben an Schriftwechsel hat. Da wir aber keinen eigenen Vertrieb haben, [...] haben wir Kundenschutzvereinbarungen. D.h., wir können die selbst gar nicht akquirieren für kommende Produkte und deswegen ist das Thema nicht wirklich ein Thema für uns. Ausgenommen das, was die Fondsverwaltung und die Verwaltung der Beteiligung in steuerlicher und rechtlicher Hinsicht angeht, die man natürlich optimal gewährleisten will. [...]

Gibt es Mechanismen diese Intermediärstruktur zu umgehen? (In Form von Kundenzeitschriften, usw.)

So etwas gibt es auch. Wir haben auch ein Kundenbindungsinstrument. Das wird nur auf AG-Ebene aufgelegt. Wo man dann im Prinzip eine Kundenzeitschrift hat, die über alle relevanten Teilmärkte informiert. [...] Das kann man sich über die Homepage anfordern. Zu dem Kundenbindungsprogramm: Es ist ja so, wenn ich das erste Mal und als einziges Einkommen in England investiere, dann habe ich eine vereinfachte Steuerberatung, die ich in Anspruch nehmen kann und wo die IVG die Kosten übernimmt. Um die Kundenbindung zu erhöhen, haben wir uns entschieden, dass auch die künftigen Beteiligungen dieses Anlegers bei der IVG kostenlos mit abgewickelt werden. [...]

Themenbereich 3: Wettbewerbsstrategien

Welche Strategien finden bei der IVG innerhalb der Marktbearbeitung Anwendung? (bspw. Spezialisierung hinsichtlich Nutzungsart, Standort, Volumina, ...)

Wir haben auf Fondsebene eine Spezialisierung auf Büroimmobilien. Natürlich gibt es da auch mal ein Restaurant oder Laden drin, aber es ist eigentlich überwiegend Büronutzung [...] an ersten Standorten. Länderstandorte dabei sind Großbritannien, Frankreich, Finnland, Spanien, Italien, Griechenland [...]. Wir bekommen laufend Angebote. [...] Wir müssen ja in vielen Bereichen neue Wege gehen, was die Steuertransparenz angeht, da ja nicht auf nicht auf Gesellschafts- sondern auf Gesellschafterebene besteuert werden soll. Das ist es bspw. in Frankreich so: Dort gibt es nicht die vermögensverwaltende Kommanditgesellschaft, die Einkünfte aus Vermietung und Verpachtung erzielt. Aber jetzt gibt es im Rahmen des EU-Rechts eine Regelung, dass die sich dem gar nicht versperren dürfen. Solche Dinge klären wir eben vorab für unsere wirtschaftlichen und steuerlichen Konzepte. Daraus ergibt sich dann ein funktionierendes Vehikel und damit haben wir den ersten Filter passiert. Wenn noch das passende Objekt hinzukommt, dass vom Timing her interessant ist und der Markt sich auch als zukünftig interessant darstellt, dann hat man keine Hemmungen zu sagen „okay, machen wir was in der Ukraine".

Welche Bedeutung haben Faktoren wie Initiatorimage, Leistungsbilanz und Expertise im Markt für geschlossene (Immobilien-)Fonds? Expertise sprachen Sie ja bereits an.

[...] Die Leistungsbilanz ist etwas, dessen Aussagekraft man deutlich eingrenzen muss. Die IVG hatte vor 4 oder 5 Jahren die Wertkonzept gekauft und ist Rechtsnachfolger und übernimmt die Geschäftsbesorgung für sämtliche von der Wertkonzept aufgelegten Fonds. Jetzt ist die Frage, ob die Ergebnisse der IVG zurechenbar sind oder nicht. Da man ja jetzt eine ganz andere Linie fährt, nämlich Euroselect, also rein international aufgestellt ist, ist die Aussagekraft einer rein deutschen Immobilienleistungsbilanz, die dann auch noch Sonder-Afageprägt war, anzuzweifeln. Die Frage ist, ob das wirklich ein zutreffendes Bild über die Leistungskraft und Seriosität eines Anbieters wie die IVG abgibt. Das Problem ist, es ist ein Instrument der Vergangenheit. [...] Die Leistungsbilanz ist ein reiner Soll-Ist-Vergleich. Man vergleicht das, was zum Zeitpunkt der Investition an Wissen zur Verfügung gestanden hat und was man auf dem damaligen Wissen in die Zukunft projiziert hat mit dem was eingetreten ist. Wer hat die Währungsunion vorhergesehen? Wer hat die Wiedervereinigung vorhergesehen? Wer kann die Inflationsraten beeinflussen? Es gibt eine Fülle von exogenen Faktoren. [...] Wenn man also auf Basis eines Soll-Ist-Vergleichs eine Beurteilung fällen will, dann lässt man etwas vollkommen außen vor – nämlich den Sachwertgedanken der inflationsgeschützten Immobilie. [...] Die Leistungsbilanz dient als Eintrittskarte für die erfolgreiche Gewinnung von Vertriebspartnern.

Initiatorenimage: Die IVG mit institutionellem Hintergrund, mit zwei Aktionären wie Oppenheim und HSH Nordbank – das hat natürlich Auswirkungen. Wenn man nicht den institutionellen Hintergrund hätte, dann würde man auch nicht mitspielen können in der Liga, die wir jetzt zum Beispiel in London haben. Die wissen, die haben genug Geld, um auch einen Deal kurzfristig abzuwickeln. Ein inhabergeführtes Unternehmen, was mit Basel II zu kämpfen hat, wäre nicht in der Lage so etwas darzustellen und die vorgesehenen Zeitachsen einzuhalten. Insofern ist das Initiatorenimage aus meiner Sicht natürlich richtig und wichtig und dessen Pflege eben auch. Indem man möglichst Fonds ohne „Betriebsstörungen" auflegt.

Jamestown US-Immobilien GmbH
Marienburger Straße 17
50968 Köln
Interviewpartner: Dr. Jürgen Gerber
Funktion: Fondsmanager
Interviewtermin: 12.07.2005
Interviewtechnik: Telefoninterview

Themenbereich 1: Positionierung

Welche strategische Positionierung innerhalb des Marktes für geschlossene Immobilienfonds streben Sie mit Ihren Produkten und damit Ihrem Unternehmen an?

Jamestown ist Marktführer im Segment für geschlossene US-Immobilienfonds. Wir haben uns im Laufe der vergangenen 20 Jahre auf diesen Bereich spezialisiert und diese Position auch unter veränderten Wettbewerbsbedingungen immer wieder behauptet. [...] Unser Produkt soll für den Kunden ein Baustein im Rahmen seiner diversifizierten Vermögensplanung sein: Ein renditestarkes Investment in der größten Volkswirtschaft dieser Welt verknüpft mit dem sicherheitsorientierten Aspekt, den die Immobilie bietet.

Wird der Markt für geschlossene Immobilienfonds durch zentrale Schlüsselfaktoren der Positionierung determiniert? Welche Schlüsselfaktoren könnten dies sein? (Bei Heranziehung des Dreiecks der Vermögensbildung ergeben sich die Determinanten Rendite, Sicherheit und Liquidität. Welche erfolgswirksamen Subfaktoren können Sie für Ihr Unternehmen aus diesen Faktoren herauskristallisieren?)

Innerhalb des Dreiecks der Vermögensanlage spielen Subfaktoren im Bereich der Rendite und der Sicherheit für geschlossene Immobilienfonds die größte Rolle. Ich denke, da hat dieses Produkt zweifelsohne seine Stärken und seine Vorteile. Zu den für uns erfolgswirksamen Subfaktoren möchte ich zunächst die immobilienspezifischen Faktoren nennen: Jamestown investiert ausschließlich in fertiggestellte und vermietete Objekte an erstklassigen Standorten. Es handelt sich dabei um langfristig vermietete Objekte an Mieter mit guter Bonität. Die Auswahl und die anschließende Verwaltung der Immobilien erfolgt durch unsere eigene Full-Service-Management-Organisation in den USA, die auf neue Entwicklungen rasch und professionell reagieren kann. Die langfristigen Hypothekenfinanzierungen sind mit 50%-70% des Verkehrswertes moderat. Ein probater Schutz vor Zinsänderungsrisiken sind die von uns gewählten Festzinsvereinbarungen und die überschaubaren Tilgungszeiträume. Unsere in den Fondsprospekten vorgelegten Prognoseberechnungen sind konservativ. Die dort getroffenen Annahmen und die daraus resultierenden Barüberschüsse sind vorsichtiger angesetzt als in den von uns beauftragten Verkehrswertgutachten. Zu einem unserer wichtigsten Sicherheitskonzepte zählt: Jamestown investiert oft Seite an Seite mit einem amerikanischen Partner. Unsere Joint Venture Vereinbarungen sehen dabei eine Vorzugsstellung für die Anleger vor, sowohl bei laufenden Ausschüttungen als auch im Verkaufsfall.

Aus Anlegersicht kommen weitere Faktoren hinzu: Neben einer attraktiven Rendite hat der Anleger eine weitgehend steuerfreie Investition gewählt. Aufgrund des Doppelbesteuerungsabkommens, der hohen Steuerfreibeträge und der geringeren Steuersätze in den USA muss ein Anleger mit einer Beteiligung bis zu rd. 50.000 USD keine Steuern zahlen. Die erzielten Ausschüttungen unterliegen lediglich dem deutschen steuerlichen Progressionsvorbehalt.

Zu weiteren Sicherheitsaspekten wie Inflationsschutz und Währungsrisikovermeidung ist folgendes zu sagen: Wir sprechen Anleger an, die hier ganz bewusst in Dollar investieren wollen, die also einen Teil ihres Vermögens diversifizieren wollen, um in der Währung der größten Volkswirtschaft zu investieren (und nicht nur im Euro-Raum investiert bleiben wollen). Dabei trägt der Anleger sicherlich ein Wechselkursrisiko. Wir sagen generell: das ist ein Investment in US-Dollar, und wenn Du als Anleger einen Teil Deines Vermögens sicherheitsorientiert in US-Dollar investieren möchtest, dann wäre das ein geeignetes Investment.

Ein Subfaktor der Rendite aber auch der Sicherheit ist das bisher Geleistete. Jamestown ist einer der wenigen Anbieter, der sowohl im Segment US-Immobilienfonds als auch im Gesamtmarkt Geschlossener Fonds eine überdurchschnittliche Gesamtperformance für die bereits 15 aufgelösten Fonds dokumentieren kann. Im gewichteten Durchschnitt verdienten die Anleger von Jamestown Fonds, bezogen auf ihr Eigenkapital vor Steuern per annum 13,2% durch Ausschüttungen und Verkaufsgewinn.

Den Faktor Liquidität sollten wir am Ende nicht außer Acht lassen. Jamestown hat hier eine Reihe von Maßnahmen umgesetzt, um den Sekundärmarkt liquider zu machen. Im Gegensatz zu vielen anderen Initiatoren haben wir eine eigene Abteilung für den Handel von Zweitmarktanteilen. Auf diesem Zweitmarkt haben wir in den letzten Jahren durchschnittlich rund zwölf Millionen US-Dollar per annum meist zu 95%-100% des Anteilswertes gehandelt. Das ist verglichen mit anderen Wettbewerbern ein sehr großes Volumen. Außerdem haben wir ab unserem Fonds 23 mit dem Wiederanlageprogramm ein Beteiligungsmodell etabliert, das eine natürliche Nachfrage nach Anteilen schafft. Nicht zuletzt verfügen wir mit über 50.000 zufriedenen Kunden über ein sehr großes Nachfragepotential, das nicht jeder Wettbewerber aufbieten kann. Und schließlich lösen wir Fonds - auch in unserem eigenen Interesse – in einem überschaubaren Zeitraum von sieben bis zwölf Jahren wieder auf. Nachdem die Anleger ihr Eigenkapital aus den Verkaufserlösen erzielt haben, erhält Jamestown eine Erfolgsbeteiligung aus darüber hinausgehenden Erlösen - eine Regelung zum beiderseitigen Vorteil.

Spielen für die Kundenseite bei der Fondsselektion weitere Faktoren wie bspw. Emotion oder Innovation eine Rolle? Inwieweit sind Ausprägungen solcher Faktoren denkbar?

Bei einer Immobilie spielen die Emotionen mit Sicherheit eine wichtige Rolle. Bekannte und prestigeträchtige Objekten in Midtown Manhattan wie z.B. das Chrysler Building, das Rockefeller Center oder One Times Square verleihen einem Fonds einen besonderen Reiz. Der Anleger hat durch die Bekanntheit solcher Objekte eine größere „Nähe" zum Investment und ist eher bereit hier zu investieren als z.B. in irgendein unscheinbares „Class B" Bürogebäude in Louisville, Kentucky. Entscheidend für den Ankauf bleiben natürlich aus Initiatorensicht rationale Gründe.

Die Emotion mag auch bei der Wahl des Fondsinitiators eine Rolle spielen. Der Anleger möchte auf das richtige Pferd setzen und sein Geld demjenigen anvertrauen, der sich langfristig erfolgreich in seinem Segment behauptet. Das erfolgreiche Image des Initiators verknüpft mit einer positiven Leistungsbilanz können bei der Fondsselektion des Anlegers entscheidend sein.

Auch mit der konzeptionellen Weiterentwicklung des Produkts kann man sich gegenüber den Wettbewerbern absetzen und beim Anleger Punkte sammeln. So hat Jamestown z.B. das bereits erwähnte Wiederanlageprogramm eingeführt. Damit erhält ein Zeichner, der bspw. 100.000 USD zeichnet, die Möglichkeit weitere Anteile zu zeichnen, indem er auf seine gezeichneten und bereits eingezahlten 100.000 USD einen Ausschüttungsanspruch hat. Wenn er diese Ausschüttung nicht ausgezahlt haben möchte, weil er sie aus Liquiditätsgesichtspunkten nicht benötigt oder längerfristig den Vermögensaufbau in USD beabsichtigt, kann er diese Ausschüttung [...] wieder anlegen, sprich neue Anteile dazukaufen. Neben dem gezielten Vermögensaufbau für den Anleger hat das Wiederanlageprogramm auch für den Fonds einen positiven Aspekt. Es wird eine permanente Nachfrage nach Fondsanteilen hergestellt, dies ist eine zusätzliche Stimulanz für unseren Zweitmarkt. Das Wiederanlageprogramm, das wir neu am Markt etabliert haben, haben andere später kopiert. Innovativ war Jamestown auch mit dem garantierten Rückgaberecht von gezeichneten Anteilen, im Falle von Insolvenz, Scheidung, Berufsunfähigkeit [...] oder gar Tod des Anlegers. Bei entsprechendem Nachweis hat der Anleger jederzeit ein Rückgaberecht für seine Anteile in Höhe von 95% des Verkehrswertes. Damit ist für den Anleger in einem Notfall gewährleistet, dass er seine Anteile schnell wieder veräußern kann. Dies hat neben einer emotionalen Komponente – in Extremfällen einen Ausweg zu haben – natürlich auch ganz handfeste Vorteile für den Anleger.

Ist das nicht auch ein Schritt, hin zu Anlegern mit einer gewissen Liquiditätspräferenz bzw. mit einem ausgeprägten Risikobewusstsein und gegen das maßgebliche Manko der Asset-Klasse in Form der geringen Fungibilität?

Man darf sich im Hinblick auf die Zielgruppe nichts vormachen. Der „richtige Kunde" für diese Anlage hat einen Investitionshorizont von rd. zwölf Jahren. Ich denke, es geht vielmehr darum, diesen „richtigen Kunden" ein größeres Maß an Flexibilität zu bieten. Es können immer Situationen eintreten, die es erforderlich machen, eine vor vier oder fünf Jahren getroffene Investitionsentscheidung zu modifizieren und eine Beteiligung ganz oder teilweise zu verkaufen. Mit dem von uns geschaffenen Instrumentarium – Wiederanlageprogramm, garantiertes Rückgaberecht in Notsituationen, eigener funktionierender Zweitmarkt – haben wir für die Anleger größtmögliche Flexibilität geschaffen.

Sehen Sie für Ihre Produkte K.O.-Kriterien? Wie äußern sich diese K.O.-Kriterien bzw. welche Kriterien muss ein Fondsprodukt erfüllen um am Beteiligungsmarkt zu bestehen?

Zu den K.O.-Kriterien zählen aus meiner Sicht eine Änderung der steuerlichen Rahmenbedingungen, in unserem Fall das Doppelbesteuerungsabkommen zwischen Deutschland und den USA. Oder eine kriegerische Auseinandersetzung mit den USA. Das Eintreten dieser Ereignisse halte ich persönlich jedoch für unwahrscheinlich. Aus Initiatorsicht würde ich mangelnde Transparenz, ein schlechtes Image in der Öffentlichkeit oder eine verhagelte Leistungsbilanz als weitere K.O.-Kriterien nennen. Jeder Fondsinitiator und jedes Fondsprodukt werden heute ausführlich von Rating-Agenturen, der Fachpresse und auf den Immobilienseiten der großen Tageszeitungen bewertet. Wer diese Prüfung nicht besteht, hat beim Vertrieb und dem Endkunden keine Chance. Die geschlossenen Fonds sind auf dem Weg zu einem stärker regulierten und reglementierten Kapitalmarkt, eine Chance für jeden seriösen Anbieter.

Themenbereich 2: Marketinginstrumente

Produktpolitik

Inwieweit beeinflussen produktpolitische Entscheidungen (Akquisition, Konzeption, Vermietungsmanagement) die Positionierungsfaktoren Rendite, Sicherheit und Liquidität und entsprechende Ausprägungen?

Wir kaufen nicht eine Immobilie, um anschließend zu schauen, wie wir diese in ein Fondskonzept pressen können. Die Produktentscheidung verläuft gerade umgekehrt. Wir haben für unsere Kunden bestimmte Vorstellungen im Hinblick auf Rendite, Sicherheit und Liquidität, und die stehen bei jeder Immobilienprüfung an vorderster Stelle. Selbst wenn wir pro Jahr vielleicht nur einen Fonds auf den Markt bringen, dann prüfen wir hierfür intensiv mindestens 60-70 Objekte auf diese Kriterien und ihre Tauglichkeit für einen Jamestown-Fonds. Allein daran können Sie erkennen, wie wenig Objekte durch dieses Raster kommen.

Welche Gestaltungsmöglichkeiten räumen Sie der Höhe der Laufzeit ein? Welche Kriterien determinieren die Fondslaufzeit?

Auf Basis der typischerweise von uns bevorzugten Immobilien gehen wir bei unseren Emissionen von einer Laufzeit von sieben bis zwölf Jahren aus. Der Anleger geht demnach ein längerfristiges Engagement ein. Die Kriterien, die diese Fondslaufzeit bestimmen, sind vorwiegend immobilienspezifisch: Die Vermietungssituation, die Restlaufzeit des Mietvertrags eines Hauptmieters im Objekt, die Positionierung des Fondsobjekts in seinem Teilmarkt und die verbleibende Dauer der Hypothekenfinanzierung sind entscheidende Kriterien. Nicht zu vergessen die Volatilität des Immobilienmarktes, die den Verkehrswert eines Fondsobjekts wesentlich beeinflusst. Es ist die Leistung des Fondsinitiators unter Berücksichtigung dieser Kriterien, den richtigen Zeitpunkt zum Verkauf und damit der Fondsauflösung festzulegen. Bei einem Blick in unsere Leistungsbilanz können sie erkennen, dass wir alle unsere Objekte in dem genannten Zeitraum von sieben bis zwölf Jahren veräußert haben und dies mit sehr großem Erfolg.

Preispolitik

Welche Rolle spielt bei Ihren Produkten die Höhe der weichen Kosten? Sehen Sie den Kostenfaktor als Preisinstrument/Kann über Kostentransparenz und Minimierung der weichen Kosten im Wettbewerb agiert werden?

Weiche Kosten müssen bei US-Immobilienfonds vom Fonds „zurückverdient" werden und können im Unterschied zu den früheren steuerinduzierten Fonds nicht steuermindernd vom deutschen Einkommen abgezogen werden. Auch deshalb ist Transparenz unverzichtbar. In jedem unserer Emissionsprospekte finden Sie eine detaillierte Aufschlüsselung der sogenannten harten bzw. weichen Kosten. Ein fairer Vergleich mit den Wettbewerbern kann dabei nur auf prozentualer Basis gemacht werden, da ein großer Fonds höhere Weichkosten erfordert als ein kleiner Fonds. Bei einem großvolumigen Fonds ergeben sich zwangsläufig nominal höhere Ausgaben für die Eigenkapitalbeschaffung, für den Vertrieb, für den Makler etc., während bei einem kleinen Fonds diese Ausgaben entsprechend geringer sind. Es ist hierbei sehr wichtig, diese Kosten möglichst gering zu halten und gegenüber dem Anleger transparent darzustellen. Ein Anteil von 10%

der Investitionssumme stellt nach Ansicht vieler die „Schallgrenze" für seriöse Angebote dar. Es gibt von Scope eine Benchmark für die weichen Kosten bei geschlossenen Auslandsfonds und Jamestown hat sich bei allen Fonds immer im Rahmen dieser Benchmark bewegt.

Wie beurteilen Sie die Tendenz zum Weglassen von Garantieleistungen (z.B. Mietgarantien) auf Initiatorseite?

Dieses Instrument, finden Sie bei geschlossenen Auslandsfonds praktisch gar nicht. [...] Das sind Renditefonds und keine Abschreibungsmodelle und das ist auch gut so. Anders gesagt: Der Motor sollte von alleine laufen, und nicht angeschoben werden müssen.

Welche Gestaltungsmöglichkeiten räumen Sie der Höhe der Mindestbeteiligung ein?

Generell wird mit einer hohen Mindestbeteiligung eine bestimmte Kundengruppe ausgeschlossen. Das ist von vielen Initiatoren aufgrund der für die individuelle US-Steuererklärung anfallenden Kosten durchaus gewollt. Wir haben, auch das eine Innovation von Jamestown, vor einigen Jahren unseren Anlegern zwei Beteiligungsmodelle, Jamestown classic und Jamestown kompakt, angeboten. Jamestown classic ist für den Anleger ab einer Beteiligungshöhe von 30.000 USD gedacht. Jamestown kompakt bietet bereits von 10.000 – 20.000 USD eine Einstiegsmöglichkeit und ist dabei verknüpft mit dem optionalen Wiederanlageprogramm. So wird für „kleine" Anleger explizit eine Möglichkeit geschaffen, mit einem geringeren Betrag einzusteigen und durch die Thesaurierung der Ausschüttung sukzessive ein Vermögen aufzubauen. Der „kompakt"-Anleger erhält eine geringfügig niedrigere Rendite. Die Differenz wird verwendet, um die Steuererklärung und die steuerliche Abwicklung Jahr für Jahr zu erledigen. Auf diesem Wege hat Jamestown diese Kundengruppe für geschlossene US-Immobilienfonds erschlossen.

Welche Kriterien beeinflussen die Höhe der Mindestbeteiligung?

Zu den entscheidenden Kriterien zählt: Wer soll mit diesem Produkt angesprochen werden? Hierzu ist eine genaue Zielgruppenausrichtung erforderlich, damit mit diesem Produkt der richtige Anleger angesprochen wird. Zu berücksichtigen ist ein weiteres Kriterium, die Vertriebseffizienz. Es handelt sich hierbei um ein sehr beratungsintensives Produkt. Diese Beratungsleistung rechnet sich für den

Vertriebspartner erst ab einer gewissen Beteiligungshöhe. Ähnliches gilt für den Verwaltungsaufwand des Fondsinitiators. Eine geringere Beteiligungshöhe erhöht die Zahl der Anleger und reduziert die Verwaltungseffizienz des Initiators. Auch für den Anleger birgt ein sehr kleiner Beteiligungsbetrag einen Nachteil. Die US-Steuererklärung kostet den Anleger den gleichen Betrag unabhängig von seiner Beteiligungshöhe. Bei einer zu geringen Beteiligung wirkt sich das nachteilig auf die Rendite der Fondsbeteiligung aus. Ich denke deshalb, dass die oben genannten 10.000 USD wie bei Jamestown kompakt das absolute Minimum sind.

Distributionspolitik

Welche Distributionsformen nutzen Sie bei Ihren Produkten? (bspw. Direkt-, Bank- und Drittvertrieb)

Wir sind ein bankenunabhängiges Emissionshaus und können daher allen Vertriebsunternehmen unsere Produkte anbieten, sofern sie die von uns geforderten Qualifikationsanforderungen erfüllen. Zu unseren wichtigsten Vertriebspartnern zählen die Groß- und Privatbanken, renommierte Finanzvertriebe und eine Vielzahl von freien Vermittlern. Eine untergeordnete Rolle spielt dabei der eigene Direktvertrieb. Damit verfügen wir über eine sehr breit diversifizierte Vertriebsschiene, und begeben uns nicht in eine Abhängigkeit.

Welche Rolle spielen bei der Vertriebskanalsegmentierung Provisionen (Agio und Innenprovision), Beeinflussbarkeit des Vertriebs?

Wir halten diese Weichkosten möglichst niedrig. Ein hoher Weichkostenanteil drückt - wie erwähnt aufgrund fehlender Steuervorteile - die aus dem Gesamtfonds erzielbare Rendite. In der Presse werden hohe Weichkosten schonungslos offen gelegt und bei Ratings als negativ berücksichtigt. Auf der anderen Seite ist der geschlossene US-Immobilienfonds ein beratungsintensives Produkt, das vom Vertriebspartner ein umfassendes Wissen verlangt. Der Anleger hat den Anspruch auf eine qualifizierte und umfangreiche individuelle Beratung angefangen bei der Einordnung des Fondsprodukts in die Vermögensplanung, die Immobilie, der US-Immobilienmarkt, die Fondskonzeption, das steuerliche Ergebnis bis hin zur Abwicklung des Fondsbeitritts – dieses Spektrum der Beratungsleistung muss auch angemessen vergütet werden. [...] Wir haben unsere hervorragend bewerteten Produkte, auch die zuletzt großvolumigen Fonds 24 -26, immer innerhalb von wenigen Wochen vollständig platzieren können, so dass wir offenbar das richtige Maß an Incentivierung und Wahrung von Anlegerinteressen gefunden haben. [...]

Inwieweit unterscheiden sich die verschiedenen Absatzwege in ihrer Wirkung bzgl. Kundengruppen, Vertriebskosten u.a. Faktoren?

Mit Jamestown classic und kompakt sprechen wir unterschiedliche Anleger an und werden damit auch den verschiedenartigen Vertriebskanälen und Kundengruppen gerecht. Jeder Vertriebspartner setzt unterschiedliche Schwerpunkte bei seiner Kundenakquisition. Privatbanken beispielsweise sind fast ausschließlich im classic-Segment tätig.

Kommunikationspolitik

Unterscheiden Sie zwischen fondsgebundenen und initiatorgebundenen Kommunikationsmaßnahmen?

Ja, da ist zunächst die fondsgebundene Kommunikation zu nennen: Dazu zählt die entsprechende Pressearbeit in Form von Publikationen und Interviews vor und während der Platzierung eines Fonds. Daneben werden unsere Fonds in der Fachpresse besprochen. Auf der Anlegerebene sind die zweimal jährlich erscheinenden Gesellschafterinformationen zu nennen. Zu Anfang/Mitte des Jahres erhalten die Gesellschafter zusammen mit der Ausschüttung einen kurzen Zwischenbericht zur Fondsperformance. Zum Jahresende folgt dann eine sehr umfangreiche Gesellschafterinformation über den jeweiligen US-Immobilienmarkt, die Vermietungssituation der Immobilie und die Fondsperformance. Dabei werden die Fondsergebnisse des letzten Jahres, des laufenden Jahres und die Erwartungen für das kommende Jahr erläutert. Außerdem erhält der Anleger regelmäßig unsere steuerliche Korrespondenz für seine deutsche Steuererklärung. [...] Auf der Initiatorebene gibt es unsere Leistungsbilanz und unseren Newsletter, [...] wo wir uns als Multiplikator verstehen, als Wissensvermittler für US-Immobilien und den US-Immobilienmarkt im weitesten Sinne. Darüber hinaus gibt es unsere laufenden Vertriebsmitteilungen, in denen wir unsere Vertriebspartner mit aktuellen Informationen zum Unternehmen und zu einzelnen Fonds informieren. Nicht zuletzt möchte ich unsere Website im Internet erwähnen. Hier sind für den Nicht-Kunden sämtliche Informationen über Jamestown verfügbar. Der Jamestown-Kunde kann sich darüber hinaus mit Eingabe seines Namens und seiner Kundennummer Informationen in Form sämtlicher Publikationen sowohl zu seinem eigenen, aber auch zu allen anderen Fonds von Jamestown einholen.

Wie hoch ist die Gewichtung von Ratings und anderen Zertifikaten einzustufen? Wo liegt deren Wirkungsansatz?

Ich denke, dass die Bedeutung der Ratings weiter zunehmen wird. Für jedes andere Fondsprodukt gibt es mittlerweile ein Rating (wenn Sie z.b. einen Aktien- oder Rentenfonds kaufen). Für geschlossene Fonds gibt es diese Ratings fast erstmalig von Scope oder Feri. Ich halte es für ein sehr wichtiges Kriterium auch im Sinne von Transparenz gegenüber dem Anleger, dass nicht nur Fachjournalisten über ein Fondsprodukt urteilen, sondern auch unabhängige Agenturen, die einen nachvollziehbaren Kriterienkatalog haben, jeden Fonds danach abklopfen und ihre Rating-Noten vergeben. [...]

Inwieweit greifen bei Ihrem Unternehmen Maßnahmen aus dem Customer Relationship Management? Welche Bedeutung hat es, Wiederholungskäufe zu generieren?

Die Zufriedenheit bestehender Kunden ist für uns die Basis für neues Geschäft. Daher führen wir z.B. nach Auflösung eines Fonds generell eine Kundenbefragung unter den Anlegern des Fonds durch. Dabei können die Anleger auf freiwilliger Basis ihre Zufriedenheit z.B. mit der Serviceleistung von Jamestown in Form von Schulnoten zu bewerten. Bei verschiedenen Kundenumfragen in den letzten Jahren unter mehr als 20.000 Kunden wurde diese Serviceleistung von über 90% der antwortenden Kunden mit den Schulnoten „gut" und „sehr gut" bewertet. Zusätzlich haben wir ein eigenes Beschwerdemanagement eingeführt, mit dem wir in der Lage sind, häufig auftretende Beschwerden festzustellen und zu beseitigen. Sehr wichtig ist uns in diesem Zusammenhang das Feedback von unseren Vertriebspartnern, da diese den direkteren Zugang zum Endkunden haben.

Wenn wir ein Objekt verkaufen und die Erlöse hieraus ausschütten, möchten wir Anlegern gerne die Möglichkeit geben, ihre Mittel in einem neuen Jamestown-Fonds anzulegen, sofern dies auf der Beschaffungsseite möglich ist. Wir haben im letzten Jahr 16 Objekte und in diesem Jahr zwei weitere verkauft. – Dabei haben wir in Abstimmung mit den Vertriebspartnern diesen Anlegern angeboten, ihre Rückflüsse auch im neuen, im 26er Fonds wieder zu investieren. Die Quote der „Wiederholungstäter" ist erfreulich hoch.

Themenbereich 3: Wettbewerbsstrategien

Mit Ihren Produkten fokussieren Sie ausschließlich Investments in den USA. Welche Überlegungen liegen dieser Fokussierung zu Grunde? (Rendite, Steuern, etc.)

Wir sind mit den USA groß geworden und bewegen uns seit über 23 Jahren in diesem Markt. Wir haben hier verglichen mit anderen Wettbewerbern eine einmalige Kompetenz und KnowHow aufgebaut und gebündelt. In unserem Büro in Atlanta beschäftigen wir 60 Mitarbeiter, die sich auf den Objekteinkauf und -verkauf, das Asset-Management und die steuerliche Abwicklung fokussieren. Das ist unsere Stärke, dies kann uns so schnell keiner nachmachen. Daher lautet unsere Devise: Man sollte bei dem bleiben, was man kann und womit man Erfolg hat. [...]

Hinzu kommt, dass die USA ein sehr wichtiger Markt ist. Es ist die größte Volkswirtschaft der Welt mit einem demographischen Wachstum, das mittel- und langfristig für ein Immobilieninvestment immer interessant bleiben wird.

Wäre es denkbar unter einer anderen Brand in andere Märkte zu gehen?

Am Ende müssen Sie ein adäquates KnowHow mitbringen oder es zumindest aufbauen, um in andere Märkte zu gehen. Sie müssen sich mit einem anderen Land, dessen Immobilien- und Steuerrecht, mit neuen lokalen Märkten und Wettbewerbern vertraut machen. Dies würden wir uns zwar zutrauen, aber es verlangt sehr viel Zeit und Anlaufkosten um dieses KnowHow auf einen anderen Markt zu übertragen. Hinzu kommt, wir sind ein privat geführtes Unternehmen und müssen nicht irgendwelchen Trends und Moden hinterherlaufen. Wir können es durchaus verkraften, wie derzeit, einfach abzuwarten bis wieder ein Marktzyklus in den USA gekommen ist, der es möglich macht zu günstigen Einkaufspreisen Objekte zu erwerben. Dann werden wir wieder aktiv werden.

Wäre eine andere Strategie, z.B. in Form des Erwerbs von Revitalisierungsobjekten denkbar?

Es gibt auch bei uns im Hause Überlegungen, was die Produktpalette anbetrifft, auch andere Projekte zu machen. Das will ich für die Zukunft gar nicht ausschließen.

Welche Rollen spielen neben dem fixierten Standort Volumina und Nutzungsarten als Wettbewerbsaspekte? Es liegt ja schon eine Fokussierung auf Büroimmobilien vor.

Das gilt für die heutige Betrachtung - in der Vergangenheit bestand unser Portfolio überwiegend aus Retailobjekten. Wir haben im letzten Jahr fast ausschließlich Fonds mit Retailobjekten aufgelöst, weil der Zeitpunkt insbesondere für Einzelhandelobjekte sehr gut war. Bei unseren letzten Fonds lag der Schwerpunkt auf Büroobjekten, im Rahmen der Diversifizierung wurden wie zuletzt bei unserem Fonds 25 auch Hotels oder Einzelhandelsobjekte beigemischt. [...] Die Konzentration auf Büroimmobilien erfolgt vor allem vor dem Hintergrund des weniger schwankungsanfälligen Nutzungskonzepts. [...] Bei Shopping-Centern oder Hotels handelt es sich um Objekte, die in viel stärkerem Maße marktzyklischen Änderungen hinsichtlich ihres Nutzungskonzepts unterworfen sind. Die Anpassungen an diese Änderungen und das hierfür erforderliche Asset Management korrespondieren nicht unbedingt mit der zu erzielenden Objektrendite.

Welche Bedeutung haben Faktoren wie Initiatorimage, Leistungsbilanz und Expertise im Markt für geschlossene (Immobilien-)Fonds?

Ich würde diese als sehr wichtige Faktoren benennen. Langjähriger kontinuierlicher Erfolg ist sicher keine schlechte Voraussetzung für künftigen Erfolg. Letzten Endes kann sich der Kunde darauf verlassen, dass er mit einem Jamestown Produkt in einen dauerhaft sicheren und renditeträchtigen Fonds investiert. [...] Man kann sowohl in den Fondsanalysen und in den Initiatorbesprechungen in der Presse erkennen, dass dieses Initiatorimage, die Expertise im Markt und die Leistungsbilanz sehr große Bedeutung haben. Dafür muss man jeden Tag arbeiten, das wird nicht geschenkt.

FUNDUS Fonds-Verwaltungen GmbH
Kölnstraße 89
52351 Düren
Interviewpartner: Dr. Johannes Beermann
Funktion: Pressesprecher
Interviewtermin: 21.07.2005
Interviewtechnik: email-postalische Korrespondenz

Themenbereich 1: Positionierung

Welche strategische Positionierung innerhalb des Marktes für geschlossene Immobilienfonds streben Sie mit Ihren Produkten und damit Ihrem Unternehmen an?

Wir positionieren uns im Bereich der Luxushotelimmobilien im Fondsgeschäft. In Deutschland gibt es ein Überangebot an Standardimmobilien in allen Immobilienarten (Büros, Hotels, Handel usw.) und dies bei sinkender Bevölkerung. "Nach der Quantitätsphase kommt jetzt die Qualitätsphase." (Allianz Immobilienresearch) 1A-Immobilien (Lage, Qualität, knappes Gut, Alleinstellung) haben eine sichere Zukunft, auch in einem gesättigten Markt. Bei Hotels läßt sich der jeweilige Marktführer, d.h. das erste Haus am Platz, besser als bei allen anderen 1A-Immobilien identifizieren. Jones Lang LaSalle empfiehlt einen 10%igen Anteil von Hotels innerhalb eines Immobilien-Portfolios. Weltweit würden institutionelle Kapitalanleger nicht in Spitzenhotels investieren, wenn sie damit nur schlechte Erfahrungen gemacht hätten. FUNDUS FONDS erschließen diese Möglichkeiten auch dem Privatanleger.

Wird der Markt für geschlossene Immobilienfonds durch zentrale Schlüsselfaktoren der Positionierung determiniert? Welche Schlüsselfaktoren könnten dies sein?

Für Luxushotelimmobilien sind dies:

1. Lage: Alleinstellung, 1 A-Lage?
2. Markt: Gibt es einen Markt für dieses Hotel?
3. Qualität: Überzeugt die Qualität des Hotels?
4. Konferenz: zusätzliche Auslastung?

5. Wellness: zusätzliche Auslastung und Verweildauer
6. Zimmeranzahl: Entspricht Hotelgröße gemäß Ziffer 1. bis 5.
7. Marktführerschaft: Welches Hotel ist das erste Haus am Platz?

Am Beispiel ADLON in Berlin bedeutet das konkret:

1. Lage: einzigartige, nicht reproduzierbare Lage, direkt am Brandenburger Tor / Pariser Platz
2. Markt: eines der weltweit bekanntesten 5-Sterne-Hotels
3. Qualität: ausgezeichnet mit vielen nationalen und internationalen Preisen
4. Konferenz: erste Adresse in Berlin für Veranstaltungen (rund 3.400 m²)
5. Wellness: bestes Wellnessangebot (rd. 1.700 m²) im Großraum Berlin und Umgebung
6. Zimmeranzahl: entspricht mit 382 Zimmern dem Markt und dem Konferenz- und Wellness-Angebot
7. Marktführerschaft: Das ADLON ist unangefochten das erste Haus am Platz.

Spielen für die Kundenseite bei der Fondsselektion weitere Faktoren wie bspw. Emotion oder Innovation eine Rolle? Inwieweit sind Ausprägungen solcher Faktoren denkbar?

Insgesamt spielen Elemente wie Emotion (Schönheit, Ästhetik etc.), Besitzerstolz und Nachhaltigkeit eine große Rolle.

Themenbereich 2: Marketinginstrumente

Produktpolitik

Inwieweit beeinflussen produktpolitische Entscheidungen (Akquisition, Konzeption, Vermietungsmanagement) die Positionierungsfaktoren Rendite, Sicherheit und Liquidität und entsprechende Ausprägungen?

Bei geschlossenen Immobilienfonds in ganz erheblichem Maße. Wie aus unserer Positionierung im Luxushotelmarkt ersichtlich, ist die Qualität der Immobilie entscheidend, ebenso wie das Management. FUNDUS ist über 30 Jahre am Markt und hat im Management wie in der Produktentwickelt eine hohe Qualität.

Welche Gestaltungsmöglichkeiten räumen Sie der Höhe der Laufzeit ein? Welche Kriterien determinieren die Fondslaufzeit?

Bei unserer neuen Produktreihe keine. Unser zentraler Punkt: Investieren Sie in Werte, die es in hundert Jahren noch gibt.

Preispolitik

Welche Rolle spielt bei Ihren Produkten die Höhe der weichen Kosten? Sehen Sie den Kostenfaktor als Preisinstrument/Kann über Kostentransparenz und Minimierung der weichen Kosten im Wettbewerb agiert werden?

Qualität hat ihren Preis, bei uns aber keinen übermäßigen. Unsere Weichkosten liegen im Mittelfeld der Branche. Die Kosten können unseren Prospektangaben entnommen werden. Damit herrscht volle Transparenz.

Wie beurteilen Sie die Tendenz zum Weglassen von Garantieleistungen (z.B. Mietgarantien) auf Initiatorseite?

Mietgarantien gewähren keine Sicherheit bei geschlossenen Immobilienfonds. Schlimmstenfalls gehen entsprechende Objekte und Initiatoren Konkurs und der Anleger muss sogar Geld nachschießen. Nur wenn das Grundgeschäft stimmt, ist eine Immobilie auch dauerhaft erfolgreich. An der Stelle des ADLON wird immer ein Hotel sein und aufgrund Lage und Ausstattung immer sein Geld verdienen. Jeden Tag entscheidet der Gast über diese Immobilie und damit über die Performance des Fonds.

Welche Distributionsformen nutzen Sie bei Ihren Produkten? (bspw. Direkt-, Bank- und Drittvertrieb)

Wir nutzen alle der zuvor genannten Distributionsformen, weit überwiegend den Bank-oder Drittvertrieb.

Inwieweit unterscheiden sich die verschiedenen Absatzwege in ihrer Wirkung bzgl. Kundengruppen, Vertriebskosten u.a. Faktoren?

[...] Bei unseren Produkten kommt es unabhängig vom Vertriebsweg darauf an, dass es der Kunden unsere Geschäftsphilosophie erkennt und schätzt und einen Vermittler, der sie dem Kunden erklärt.

Kommunikationspolitik

Unterscheiden Sie zwischen fondsgebundenen und initiatorgebundenen Kommunikationsmaßnahmen?

Selten.

Welche kommunikationspolitischen Maßnahmen nutzen Sie bei der Vermarktung Ihrer Produkte?

Unsere Produkte – insbesondere ADLON und das Grand Hotel Heiligendamm - sind immer wieder in der redaktionellen Berichterstattung. Die Immobilien selbst erregen Aufsehen und werden immer wieder mit Preisen bedacht. Events wie der Besuch der Queen in Berlin oder der G8-Gipfel 2007 in Heiligendamm sorgen für die Presseaufmerksamkeit.

Welche Rolle spielt die Berichterstattung in Fachmagazinen? (Laut Scope messen 70 % der Initiatoren dieser Kommunikationsform eine herausragende Bedeutung bei.)

Eine hohe!

Welche Bedeutung haben News-Groups und Foren?

Kaum.

Wie hoch ist die Gewichtung von Ratings und anderen Zertifikaten einzustufen? Wo liegt deren Wirkungsansatz?

Die Wirkung ist sicher groß aber auch überschaubar.

Inwieweit spielen so genannte Meinungsmacher wie Stefan Loipfinger und Rainer Zitelmann innerhalb der Kommunikation eine Rolle? (Sind diese auch in die Konzeption von Produkten beratend eingebunden?)

Meinungsmacher spielen eine Rolle. Sie beurteilen Anlagen im wesentlichen nach der Rendite in Prozent für den Anleger. Die kritischen Stellungnahmen sind weit überwiegend. Einige Aspekte wie etwa unternehmerische Verantwortung, Nachhaltigkeit, Schaffung von Arbeitsplätzen und volkswirtschaftlicher Nutzen könnten noch stärker gewichtet werden

In vergleichbaren wettbewerbsintensiven Märkten wurden in den letzten Jahren Kundenbindungsprogramme implementiert. Sind derartige Maßnahmen bspw. für die Generierung von Wiederholungskäufen im Markt für geschlossene Immobilienfonds denkbar?

Unsere Fonds haben die Form einer Personengesellschaft, so dass schon alleine deshalb eine sehr enge Bindung zum Kunden besteht, weil wir alle Gesellschaften selbst betreuen.

Themenbereich 3: Wettbewerbsstrategien

Mit Ihren Produkten verfolgen Sie in den letzten Jahren vor allem Hotelimmobilien. Welche Zielsetzung vor dem Hintergrund einer Positionierung verfolgen Sie dabei?

1. FUNDUS ist der Spezialist für Hotelentwicklungen im Premium-Bereich (z.B. Immobilien-Oscar für das beste Hotel der Welt 2004- Grand Hotel Heiligendamm).
2. FUNDUS kennt und beherrscht die international üblichen Erfolgskriterien für Hotels (Lage, Markt, Qualität, Konferenz, Wellness, Zimmeranzahl)
3. FUNDUS investiert nur in Marktführer (Adlon in Berlin, Quellenhof in Aachen, Strandhotel Zingst und das Grand Hotel Heiligendamm als Resorthotel).
4. Nur FUNDUS bietet den Zugang zu dieser Assetklasse, die in jedes gutes Portfolio gehört, sowohl privaten als auch institutionellen Investoren.

Welche Bedeutung haben Faktoren wie Initiatorimage, Leistungsbilanz und Expertise im Markt für geschlossene (Immobilien-)Fonds?

Eine hohe Bedeutung. Das kann man daran erkennen, dass FUNDUS einer der zwei oder drei Initiatoren sind, die seit mehr als 25 Jahren als Mittelständler am Markt tätig sind und damit natürlich die Aufs und Abs der Immobilienbranche widerspiegeln. Die meisten Initiatoren sind verschwunden, verkauft oder schlüpfen von Zeit zu Zeit in eine neue Namenshaut, um mit der alten Haut auch die Vergangenheit abzustreifen. Insofern haben auch Leistungsbilanzen nur eine beschränkte Aussagekraft.

US Treuhand
Verwaltungsgesellschaft für US-Immobilienfonds mbH
Spreestraße 3
64295 Darmstadt
Interviewpartner: Volker Arndt
Funktion: Vertriebsleiter
Interviewtermin: 18.07.2005
Interviewtechnik: Telefoninterview

Der Interviewpartner hat die Veröffentlichung des Interviews nicht autorisiert. Das Interview liegt den Autoren in vollständiger Form vor.

DB Real Estate Germany
Mergenthaler Allee 73-75
65760 Eschborn
Interviewpartner: Tim Oliver Ambrosius
Funktion: Leiter der Unternehmenskommunikation/Pressesprecher
Interviewtermin: 12.07.2005
Interviewtechnik: email-postalische Korrespondenz

Themenbereich 1: Positionierung

Welche strategische Positionierung innerhalb des Marktes für geschlossene Immobilienfonds streben Sie mit Ihren Produkten und damit Ihrem Unternehmen an?

Wir entwickeln innovative Produkte für unsere Kunden mit konservativen Prognosen. Da wir als Unternehmen international aufgestellt sind, bündeln wir global unsere Kompetenzen zum Wohle unserer Kunden.

Wird der Markt für geschlossene Immobilienfonds durch zentrale Schlüsselfaktoren der Positionierung determiniert? Welche Schlüsselfaktoren könnten dies sein? Bei Heranziehung des Dreiecks der Vermögensbildung ergeben sich die Determinanten Rendite, Sicherheit und Liquidität. Welche erfolgswirksamen Subfaktoren können Sie für Ihr Unternehmen aus diesen Faktoren herauskristallisieren? [Rendite (Ausschüttung, Wertentwicklung, Steuervermeidung, ...), Sicherheit (Inflationsschutz, Währungsrisikovermeidung, ...), Liquidität (Fondslaufzeit, Mindestbeteiligungshöhe, ...)] Welche Gewichtungsreihenfolge sehen Sie für diese Faktoren?

Die Rendite und die Sicherheit stehen für unsere Kunden, die sich für eine Investition in einen geschlossenen Immobilienfonds entscheiden im Vordergrund. Der Steuervermeidungs- bzw. Steuerspareffekt hat in den vergangenen Jahren an Bedeutung verloren. Dennoch werden die Produkte steueroptimiert konzipiert. Die Fondslaufzeit sollte im Gegensatz in der Vergangenheit platzierten Produkten 10-15 Jahre nicht überschreiten. Als Initiator verfolgen wir die Marktzyklen sehr genau und schlagen den Verkauf der Immobilien den Anlegern zum gegebenen Zeitpunkt vor. Sollte sich der Fonds besser als prospektiert entwickeln, profitieren wir als Initiator über eine Mehrerlösvereinbarung am zusätzlichen

Ertrag. Fremdwährungsprodukte werden vom Markt in USD bzw. CAD akzeptiert. Eine währungsinkongruente Finanzierung eines Fonds lehnen wir aus Risikoaspekten ab.

Spielen für die Kundenseite bei der Fondsselektion weitere Faktoren wie bspw. Emotion oder Innovation eine Rolle? Inwieweit sind Ausprägungen solcher Faktoren denkbar?

Bei einem geschlossenen Fonds ist der emotionale Aspekt stärker ausgeprägt als z.B. bei der Investition in einen offenen Immobilienfonds. Aus diesem Grund wird das Investitionsobjekt in den Prospekten sehr intensiv beschrieben und abgebildet. Mit innovativen Produkten haben wir in der Vergangenheit sehr große Erfolge erzielt. Beide Aspekte spielen für die Entscheidung des Kunden eine wichtige Rolle.

Sehen Sie für Ihre Produkte K.O.-Kriterien? Wie äußern sich diese K.O.-Kriterien bzw. welche Kriterien muss ein Fondsprodukt erfüllen um am Beteiligungsmarkt zu bestehen? / Inwieweit existieren Dissonanzen zwischen der Fokussierung der eigentlichen Kunden und der Vertriebsebene? Welche Anforderungen sind extern determiniert, um Vertriebskanäle zu nutzen?

Die Vertriebsebene spiegelt uns als Initiator die Kundenwünsche. In manchen Fällen können die Wünsche der Kunden aufgrund der Gegebenheiten am Markt nicht erfüllt werden (z.B. Renditeanforderungen). Da wir bisher alle Produkte erfolgreich platziert haben, ist dies ein Indiz für die richtige Einschätzung der Kundenwünsche durch den Vertrieb. Fonds, die mit unrealistischen Annahmen konzipiert sind lehnen wir ab.

US Treuhand Verwaltungsgesellschaft für US-Immobilienfonds mbH (Hrsg.)
Quelle: Leistungsbilanz 2003, S. 14.

Abstract

Der Markt für geschlossene Immobilienfonds ist durch starke Konzentrationsprozesse und eine steigende Wettbewerbsintensität gekennzeichnet. Zwar ist das Gesamtsegment für Beteiligungsmodelle in den letzten Jahren stetig gewachsen, allerdings haben sich gleichzeitig Substitute im Beteiligungsmarkt, wie z.B. Schiffs- und Medienfonds etabliert. Vor dem Hintergrund steuerrechtlicher Novellierungen hat das Segment der Immobilienfonds zudem nahezu vollständig an Bedeutung für steuermotivierte Investments verloren. Auch der Wandel des Marktes zu einer Struktur mit wenigen großen Anbietern hat den Wettbewerb forciert. Hinzu kommt die Veränderung in den Nachfragergruppen, womit besondere Anforderungen an die Konzeption von Beteiligungsmodellen einhergehen. Der strategischen Aufstellung in Form einer klaren Positionierung der Unternehmen und folgend der Produkte kommt somit eine Schlüsselfunktion zu.

In der Vergangenheit haben sich die Ansätze zur Positionierung auf die operative und in diesem Bereich auf die kommunikative Ebene des Fondsmarketing beschränkt. Bei der Verfolgung der Zielsetzung einer sog. Unique Selling Proposition (USP) – der Alleinstellung auf Initiatorebene – bedarf es jedoch der Berücksichtigung der originären Kundenbedürfnisse. In Anlehnung an das Dreieck der Vermögensbildung lassen sich damit für die Fondsprodukte zunächst die Faktoren Rendite, Sicherheit und Liquidität als nutzenbezogene Positionierungsfaktoren heranziehen. Von Bedeutung sind somit auf der Fondsebene zum einen die Einflussgrößen Standort-, Objekt- und Mieterqualität und zum anderen Ausschüttung, Wertentwicklung, Steuerwirkung, Inflationsschutz sowie Aspekte der Fungibilität wie Höhe der Mindestbeteiligung und Laufzeit. Auf der Ebene der Initiatoren erlangen vor allem die Leistungsbilanz, Zweitmarktaktivitäten sowie Vertriebskoordination und -unterstützung entscheidende Relevanz. Zudem können Faktoren wie Emotion und Innovation maßgeblichen Einfluss auf die Investmententscheidung ausüben. All diese Faktoren der Produktselektion gilt es, unter dem Gesichtspunkt des Anlegernutzens auf ihre Plausibilität zu prüfen.

Positionierungsansätze sind im tatsächlichen Marktumfeld und damit auch im Segment der geschlossenen Immobilienfonds bislang nur indirekt identifizierbar. Die Dimensionen der Positionierung werden nicht isoliert verfolgt, sondern finden verknüpft Anwendung. Ersichtlich wird dies anhand der verschiedenen Strategien innerhalb des Wettbewerbsumfelds. Dabei kann eine Differenzierung nach fondsgebundenen und initiatorgebundenen Modellen vorgenommen werden. Fondsgebunden betrifft dies die Selektion bestimmter Immobilienmärkte, Objektkategorien und Nutzungsarten auf Objektebene. Initiatorgebundene Elemente sind bspw. präferierte Fondskonzeptionen und Strategien der Marktbearbeitung. Über die Aktivitäten im Wettbewerb wird somit eine Vielzahl von Positionierungsfaktoren herausgestellt. Aus Kundensicht kann dies u.U. als inkonsistent und irritierend wahrgenommen werden. Zielführend ist daher erst eine konsequente Berücksichtigung und Konzentration auf wesentliche Aspekte des Kundennutzens.

Auch imagebildende Maßnahmen, bspw. in Form des Markenaufbaus und des Ausbaus von Kundenbeziehungen, wie sie bspw. im Konsumgütermarkt Anwendung finden, sind im Markt der geschlossenen Immobilienfonds nur in geringem Maße verbreitet. Dies liegt jedoch nur bedingt in der Inaktivität der Initiatoren begründet. Vor allem die Kunden- bzw. Bestandsschutzbestimmungen der Vertriebsebene erschweren die Bemühungen um eine Positionierung erheblich. Dies bildet einen Ansatzpunkt weiterer Marketingaktivitäten. Die Initiatoren sollten bestrebt sein, Mechanismen zur Umgehung der Intermediärstruktur des Vertriebs und damit zur Identifikation ihrer Kunden zu entwickeln. Erst dann sind tatsächliche und vor allem segmentspezifische Kundenanforderungen antizipierbar.

Quellenverzeichnis

Bücher / Monographien / Zeitschriften

Ambrozy, Peter [Senioren, 2005]: Senioren auf der langen Bank, in: Marketing Journal 06/2005, München 2005, S. 8-11.

Anastassiou, Christina [Geschlossene Fonds, 2004]: Offen für geschlossene Fonds, in: Welt am Sonntag, 05.12.2004, Berlin 2004, S. 47.

Backhaus, Klaus [Investitionsgütermarketing, 1992]: Investitionsgütermarketing, 3. überarbeitete Auflage, München 1992.

Beck, Hans-Joachim [§ 11 EStG, 2004]: Auswirkungen der geplanten Neuregelung des § 11 EStG, in: Immobilien & Finanzierung 22/2004, Frankfurt am Main 2004, S. 764-768.

Beck, Hans-Joachim [Kommentar, 2005]: Kommentar zum Entwurf für § 15b EStG, in: Zitelmann, Rainer (Hrsg.), Immobilien-News, 25.04.2005, Berlin 2005.

Becker, Jochen [Konzeptionelle Grundfragen, 1996]: Konzeptionelle Grundfragen der Positionierung, in: Tomczak, Torsten / Rudolph, Thomas / Roosdorp, Alexander (Hrsg.), Positionierung – Kernentscheidung des Marketing, St. Gallen 1996, S. 12-23.

Becker, Jochen [Marketing-Konzeption, 1998]: Marketing-Konzeption – Grundlagen des strategischen und operativen Marketing-Managements, 6., vollständig überarbeitete Auflage, München 1998.

Becker, Jochen [Marketing-Konzeption, 2002]: Marketing-Konzeption – Grundlagen des zielstrategischen und operativen Marketing-Managements, 7., überarbeitete und ergänzte Auflage, München 2002.

Bekier, Matthias [Marketing, 1998]: Marketing of hedge funds: a key strategic variable in defining possible roles an emerging investment force, 2nd printing, Bern 1998.

Berndt, Ralph [Marketing, 1995]: Marketing 3 – Marketing-Management, 2., verbesserte und erweiterte Auflage, Berlin/Heidelberg 1995.

Betz, Alexander [Präsentation, 2004]: Präsentation, in: Skript Berliner Immobilienrunde – Sonderveranstaltung „Markttrends bei geschlossenen Fonds, Qualitätskriterien und Schwachstellenanalyse bei der Produktauswahl", Berlin 2004.

Bienert, Michael Leonhard [Strategiefindung, 2004]: Marktorientierung und Strategiefindung, Landsberg/Lech 2004.

Blattberg, Thomas C. / Getz, Gery / Thomas, Jequelyn S. [Customer Equity, 2001]: Customer Equity, Boston 2001.

Bomke, Bernhard [Mietgarantien, 2005]: Mietgarantien: Aus dem Sicherheitspolster ist die Luft raus, in: Immobilien Zeitung, 9/2005, Wiesbaden 2005, S. 3.

Bomke, Bernhard [Opportunisten, 2005]: Opportunisten, die sind wir auch, in: Immobilien Zeitung, 10/2005, Wiesbaden 2005, S. 2.

Bomke, Bernhard [Steuerpläne, 2005]: Steuerpläne zur Verlustverrechnung – IVD warnt vor Panikmache, in: Immobilien Zeitung, 10/2005, Wiesbaden 2005, S. 1, 3.

Böttcher, Gabi [Kundennähe, 2005]: Kundennähe als Erfolgsfaktor, in: Bankmagazin, 05/2005, Wiesbaden 2005, S. 42.

Boutonnet, Beatrix / Loipfinger, Stefan / Neumeier, Anton / et al [Geschlossene Immobilienfonds, 2004]: Geschlossene Immobilienfonds, 4. überarbeitete und erweiterte Auflage, Stuttgart 2004.

Boutonnet, Beatrix / Loipfinger, Stefan [Auslandsfonds, 2004]: Auslandsfonds en vogue – Grenzenlos investieren, in: Fondszeitung August 2004, Berlin 2004.

Breuer, Wolfgang / Gürtler, Marc / Schuhmacher, Frank [Portfoliomanagement, 1999]: Portfoliomanagement: Theoretische Grundlagen und praktische Anwendungen, Wiesbaden 1999.

Brooksbank, Roger [Positioning Strategy, 1994]: The Anatomy of Marketing Positioning Strategy, in: Marketing Intelligence & Planning, Vol. 12, No. 4, 1994, Bradford 1994.

Bruhn, Manfred (Hrsg.) [Marketing, 2001]: Gabler Marketing Lexikon, 1. Auflage, Wiesbaden 2001.

Bulwien, Hartmut [Immobilienmarkt, 2004]: Der Immobilienmarkt in Deutschland – Struktur und Funktionsweise, Berlin 2004.

Bulwien, Hartmut / Kippes, Stephan / Stein Michael [Immobilienwirtschaft, 2003]: Aspekte der Immobilienwirtschaft, 1. Auflage, Stuttgart 2003.

Bundesregierung (Hrsg.) [Gesetzentwurf, 2005]: Entwurf eines Gesetzes zur Verbesserung der steuerlichen Standortbedingungen, Berlin 2005.

Burkhardt, Jörn [Qualitätskriterien, 2004]: Qualitätskriterien und Schwachstellenanalyse bei der Produktauswahl, in: Skript Berliner Immobilienrunde – Sonderveranstaltung „Markttrends bei geschlossenen Fonds, Qualitätskriterien und Schwachstellenanalyse bei der Produktauswahl", Berlin 2004.

Bürkner, Sven [Erfolgsfaktorenforschung, 1996]: Erfolgsfaktorenforschung und Marketing-Management, in: Hermanns, Arnold (Hrsg.), Studien- und Arbeitspapiere Marketing, München 1996.

Dahmen, Patrick [Multi-Channel Strategies, 2004]: Multi-Channel Strategies for Retail Financial Services, Wiesbaden 2004.

D'Aveni, Richard A. [Hyperwettbewerb, 1995]: Hyperwettbewerb: Strategien für die neue Dynamik der Märkte, Frankfurt am Main 1995.

Derkum, Markus [Anforderungen, 2004]: Anforderungen an den Vertrieb von Geschlossenen Immobilienfonds, in: Immobilien & Finanzierung, 22/2004, Frankfurt am Main 2004, S. 772-774.

Dowling, Grahame R. / Uncles, Mark [Loyalty, 1997]: Do customer loyalty programs really work?, in: MIT Sloan Management Review, 2/1997, Boston 1997, S. 71-82.

Doyle, Peter [Marketing Management, 1983]: Marketing Management, unpublished paper, Bradford 1983.

Dustdar Bianca / Heuser, Hans [Geschlossene Fonds, 1996]: Geschlossene Fonds auf dem Prüfstand, Loseblatt-Ausgabe, Landsberg/Lech 1996.

Duttenhöfer, Stephan / Keller, Bernhard (Hrsg.) [Finanzdienstleistungen, 2004]: Handbuch Vertriebsmanagement Finanzdienstleistungen, 1. Auflage, Frankfurt am Main 2004.

e-Fonds24 (Hrsg.) [Pressemitteilung, 2005]: Pressemitteilung, Mehr Steuereinnahmen mit geschlossenen Fonds, http://www.e-fonds24.de/pressemeldung/pressemeldung20050502.html, 04.05.2005.

European Bank for Fund Services GmbH (ebase) (Hrsg.) [http://www.ebase.de, 2005]: http://www.ebase.de.

Engels, Thomas [Drum prüfe, 2002]: Drum prüfe, wer viel investiert, Darauf sollten Anleger bei geschlossenen Immobilienfonds achten, in: Going Public, 6/02, Wolfratshausen 2002, S. 17-19.

Essinger, Grit [Markenpolitik, 2001]: Produkt- und Markenpolitik im dynamischen Umfeld – Eine Analyse aus systemtheoretischer Perspektive, Wiesbaden 2001.

Falk, Bernd (Hrsg.) [Immobilien-Marketing, 1997]: Das große Handbuch Immobilien-Marketing, Landsberg/Lech 1997.

Fink, Bernhard C. [Diversifikation, 2003]: In der Vielfalt liegt die Kraft: Diversifikation bei General Electric, in: Hermann, Simon, Strategie im Wettbewerb, Frankfurt am Main 2003, S. 156-158.

Fischer, Leo [Immobilienfonds, 2004]: Immobilienfonds Österreich und Niederlande – Weniger Steuervorteile im nächsten Jahr, Immobilienwirtschaft 12/04-01/05, Freiburg [Breisgau] 2004, S. 27.

Fleischmann, Hans Gunnar [Steuersparmodelle, 2005]: Das langsame Sterben der Steuersparmodelle, in: Frankfurter Allgemeine Zeitung, 10.06.2005, Nr. 132, Frankfurt am Main 2005, S. 39;41.

Folz, Roland [Vermögensanlageprodukte, 1994]: Marketing von Vermögensanlageprodukten im mittleren Segment privater Bankkunden, München 1994.

Formatschek, Wolfgang [Marketingberater, 1998]: Der Marketingberater für Dienstleister, Profilieren Sie sich durch kreative Marketingkonzepte, 1.Auflage, Würzburg 1998.

Friedrich, Kerstin / Seiwert, Lothar J. / Geffroy, Edgar K. [Erfolgsstrategie, 2002]: Das neue 1X1 der Erfolgsstrategie, EKS – Erfolg durch Spezialisierung, 8., völlig neu bearbeite Auflage, Offenbach 2002.

FUNDUS FONDS-Verwaltungen GmbH (Hrsg.) [Adlon, 2002]: Fondsprospekt, Jagdfeld Hotel-Adlon FUNDUS FONDS Nr. 31 KG, Köln 2002.

FUNDUS FONDS-Verwaltungen GmbH (Hrsg.) [Heiligendamm, 2004]: Fondsprospekt, Grand Hotel Heiligendamm GmbH & Co. Kommanditgesellschaft, Köln 2004.

Gartner, Werner J. (Hrsg.) [Immobilienwirtschaft, 1997]: Unternehmensführung und Marketing in der Immobilienwirtschaft, München 1997.

Gassmann, Oliver / Reepmeyer, Gerrit / Walke, Anja [Neue Produkte, 2005]: Neue Produkte für die Jungen Alten, in: Havard Business Manager, Januar 2005, Hamburg 2005, S. 62-69.

Gerlach, Ulf [Markenimages, 2001]: Aufbau globaler Markenimages im International Private Banking, Marburg 2001.

German Real Estate Opportunities (Hrsg.) [DWF 1, 2005]: Deutscher Wohnungsprivatisierungs Fonds DWF 1, Fondsprospekt, Köln 2005.

Gershon, Howard J., [Positioning, 2003]: Strategic Positioning: Where Does Your Organization Stand?, in: Journal Of Healthcare Management, January/February 2003, Fairfax 2003, S. 12-14.

Gotzi, Markus [Ausland, 2005]: Fondsanbieter drängen ins Ausland, in: Financial Times Deutschland, Sonderbeilage Immobilien, 26.05.2005, Hamburg 2005, S. A 4.

Gotzi, Markus [Gewinne, 2005]: Gewinne hinter der Grenze, in: Capital, Nr. 15, 2005, S. 72-75.

Graeber, Jochen [Präsentation, 2004]: Präsentation, in Skript Berliner Immobilienrunde – Sonderveranstaltung „Markttrends bei geschlossenen Fonds, Qualitätskriterien und Schwachstellenanalyse bei der Produktauswahl", Berlin 2004.

Grunow, Nina [Dänemark, 2005]: Immobilieninvestitionen in Dänemark, in: Rohmert, Werner (Hrsg.), Der Immobilienbrief, 10.06.2005, Nr. 87, Rheda-Wiedenbrück 2005, S. 12-13.

Hahn-Immobilien-Beteiligungs AG (Hrsg.) [Pluswertfonds, 2004]: Die Pluswertfonds, in: http://www.hahnag.de/homepage/referenz/liste.htm, 22.10.2004.

Hahn-Immobilien-Beteiligungs AG (Hrsg.) [Leistungsbilanz, 2003]: Leistungsbilanz 2003, Bergisch Gladbach 2004.

Haimann, Richard [Immobilien, 2004]: Achtung Immobilien! Die Spekulationsblase an den Immobilienmärkten – und wie sich Bauherren, Grundeigentümer und Anleger vor ihr schützen können, 1. Auflage, Frankfurt am Main 2004.

Haimann, Richard [Nischenmärkte, 2005]: Investoren entdecken Nischenmärkte, in: Financial Times Deutschland, 26.05.2005, Hamburg 2005, S. A 4.

Harms, Björn [Imagepositionierung, 1998]: Unterstützung strategischer Entscheidungen in der Imagepositionierung mit Hilfe von What-If-Analysen, Berlin 1998.

Heidrich, Jörn / Wiegand, Stefan [Markttrends, 2004]: Markttrends 2004 / 2005 bei geschlossenen Fonds, in: Skript Berliner Immobilienrunde – Sonderveranstaltung „Markttrends bei geschlossenen Fonds, Qualitätskriterien und Schwachstellenanalyse bei der Produktauswahl", Berlin 2004.

Hennig, Carsten [Seebad Heiligendamm, 2001]: Das Seebad Heiligendamm – neue Wege eröffnen neue Chancen, in: Schulte, Karl-Werner / Brade, Kerstin Hiska (Hrsg.), Handbuch Immobilien-Marketing, Köln 2001, S. 1067-1089.

Heß, Ines [Fondserlass, 2003]: Der neue Fondserlass – Neue Regelungen im Einkommensteuerrecht für Bauherren- und Erwerbermodelle sowie geschlossene Fonds, in: DStR, 46/2003, Frankfurt am Main 2003, S. 1953-1958.

Hielscher, Udo / Singer, Jürgen / Grampp, Michael [Börsenlexikon, 2002]: Fischer Börsenlexikon, aktualisierte, vollständig überarbeitete Auflage, Frankfurt am Main 2002.

Hieronimus, Fabian [Markenmanagement, 2003]: Persönlichkeitsorientiertes Markenmanagement, Frankfurt am Main 2003.

Hönighaus, Reinhard [Wohnungsmarkt, 2005]: Kaufrausch auf dem Wohnungsmarkt, in: Financial Times Deutschland, Sonderbeilage Immobilien, 26.05.2005, Hamburg 2005, S. A2.

Horn, Roland [Zielgruppenbestimmung, 1996]: Strategische Zielgruppenbestimmung, Produktpositionierung und Kohortenanalyse: ein Beispiel aus dem Pharmamarkt, Wiesbaden 1996.

Huber, Kurt [Image, 1987]: Image: Corporate-Image, Marken-Image, Produkt-Image, Landsberg am Lech 1987.

Jamestown US-Immobilien GmbH (Hrsg.) [Prospekt Jamestown 25, 2004]: Emissionsprospekt Jamestown 25 classic, Köln 2004.

Jendges, Thomas [Wettbewerbsstrategien, 1995]: Wettbewerbsstrategien bei rückläufigen Märkten, Wiesbaden 1995.

Jordan, Jenny [Altersvorsorge, 2004]: Psychologie der Altersvorsorge: Es fehlt am „guten Gefühl", in: bank und markt + internet, Nr. 1, 2004, Frankfurt 2004, S. 41-45.

Kaas, Klaus Peter [Marketing 1995]: Marketing zwischen Markt und Hierarchie, in: Kaas, Klaus Peter (Hrsg.), Kontrakte, Geschäftsbeziehungen, Netzwerke – Marketing und neue Institutionenökonomie, ZfbF, Sonderheft 35, Düsseldorf 1995, S. 30.

Kaluza, Bernd / Blecker, Thorsten [Wettbewerbsstrategien, 2000]: Wettbewerbsstrategien: Markt- und ressourcenorientierte Sicht der strategischen Führung, in: Wildemann, Horst (Hrsg.), TCW-report, Nr. 16, München 2000.

Kotler, Philip [Marketing, 1999]: Grundlagen des Marketing, 2., überarbeitete Auflage, München 1999.

Kotler, Philip / Bliemel, Friedhelm [Marketing-Management, 1995]: Marketing-Management: Planung, Umsetzung und Steuerung, 8., vollständig neu bearbeitete und erweiterte Auflage, Stuttgart 1995.

Kühn, Richard [Marketing-Mix, 1995]: Marketing-Mix, in: Tietz, Bruno (Hrsg.), Handwörterbuch des Marketing, 2., vollständig überarbeitete Auflage, Stuttgart 1995, S. 1615-1627.

Kuhn, Wolfgang [Mailing Opportunity, 2005]: Mailung – MPC Opportunity Amerika: US-Immobilien neu durchdacht, 23.06.2005, Hamburg 2005.

Lauer, Paul [Übergangsfrist, 2005]: Übergangsfrist muss verlängert werden, in: Immobilienwirtschaft, 06/2005, Freiburg [Breisgau] 2005, S. 6-7.

Ley, Siegfried [Präsentation, 2004] Präsentation, in: Skript Berliner Immobilienrunde – Sonderveranstaltung „Markttrends bei geschlossenen Fonds, Qualitätskriterien und Schwachstellenanalyse bei der Produktauswahl", Berlin 2004.

Loipfinger, Stefan [Beteiligungsmodelle, 2004]: Marktanalyse der Beteiligungsmodelle 2004, Rosenheim 2004.

Loipfinger, Stefan [Beteiligungsmodelle, 2005]: Marktanalyse der Beteiligungsmodelle 2005, Rosenheim 2005.

Loomann, Volker [Geschlossene Immobilienfonds, 2004]: Geschlossene Immobilienfonds sind Geschäfts mit Licht und Schatten, in: Frankfurter Allgemeine Zeitung, Nr. 188, 14.08.2004, Frankfurt 2004, S. 20.

Loritz, Karl-Georg / Pfnür, Andreas [Zukunftsperspektiven, 2004]: Zukunftsperspektiven geschlossener Immobilienfonds in Deutschland, in: Schulte, Karl-Werner (Hrsg.), Zeitschrift für Immobilienökonomie, 1/2004, Wiesbaden 2004, S. 26-43.

Lüdicke, Jochen / Arndt, Jan-Holger / Götz, Gero [Geschlossene Fonds, 2002]: Geschlossene Fonds – Rechtliche, steuerliche und wirtschaftliche Fragen bei Immobilien-, Film-, Schiffs-, Flugzeug- und Windenergiefonds, 2., völlig neu bearbeitete und erweiterte Auflage, München 2002.

Lüdicke, Jochen / Arndt, Jan-Holger / Götz, Gero [Geschlossene Fonds, 2005]: Geschlossene Fonds – Rechtliche, steuerliche und wirtschaftliche Fragen bei Immobilien-, Film-, Schiffs-, Flugzeug- und Windenergiefonds, 3., völlig neu bearbeitete und erweiterte Auflage, München 2005.

Mäder, Ralf [Markenpersönlichkeit, 2005]: Messung und Steuerung von Markenpersönlichkeit, Mannheim 2005.

Matys, Erwin [Produktmanagement, 2005]: Praxishandbuch Produktmanagement, 3. aktualisierte und erweiterte Auflage, Frankfurt am Main 2005.

Mc Kenna, Regis [Dynamisches Marketing, 1986]: Dynamisches Marketing: Positionierungsstrategien für technologieorientierte Unternehmen, Landsberg 1986.

Meffert, Heribert [Marketing, 2000]: Marketing – Grundlagen marktorientierter Unternehmensführung, 9., überarbeitete und erweiterte Auflage, Wiesbaden 2000.

Meyer, Lutz [Frauen, 2003]: Großverlage buhlen um junge Frauen, in: Financial Times Deutschland, 22.07.2003, Hamburg 2003, S. 6.

Mihm, Oliver [Vertriebskraft, 2005]: Geschlossene Fonds – Die Vertriebskraft der Banken, in: Die Bank, Nr.2, Februar 2005, Berlin 2005, S. 30-32.

Mirow, Michael [Größe, 2003]: Strategie und Größe: Ist groß schön?, in: Hermann, Simon, Strategie im Wettbewerb, Frankfurt am Main 2003, S. 148-149.

Moser, Peter [USA Immobilien, 2005]: USA Immobilien neu durchdacht, in: ASSCompact, 06/2005, Bayreuth 2005, S. 62.

MPC Capital AG (Hrsg.) [Leistungsbilanz 2002, 2003]: Leistungsbilanz 2002 Immobilienfonds, Hamburg 2003.

MPC Capital AG (Hrsg.) [Unternehmensphilosophie, 2004]: Unternehmensphilosophie, auf: http://www.mpc-capital.de/contell/cms/server/site/mpccapitalag/company/vision.html, 2004.

Mühlbacher, Hans / Dreher, Angelika [Positionierung, 1996]: Systematische Positionierung, in: Tomczak, Torsten / Rudolph, Thomas / Roosdorp, Alexander (Hrsg.), Positionierung – Kernentscheidung des Marketing, St. Gallen 1996, S. 70-76.

Nowak, Michael / Becker, Jörg [Zweitmarktsituation, 2005]: Zweitmarktsituation und Transaktionskosten, in: Die Bank, Nr. 3, März 2005, Berlin 2005, S. 16-20.

Nowak, Michael [Immobilienanlagen, 2004]: Indirekte Immobilienanlagen als Elemente der privaten Vermögensbildung und Altersvorsorge – Eine vergleichende Analyse von Offenen Immobilienfonds, Immobilienaktien und Real Estate Investment Trusts, zugl. Diss., Universität Leipzig, 2004; erschienen als: Offene Immobilienfonds, Immobilienaktien und REITs für die private Vermögensbildung und Altersvorsorge, in: Pelzl, Wolfgang (Hrsg.): Reihe Immobilienmanagement, Band 8, Norderstedt 2005.

O.V. [Berliner Immobilienrunde 7.9.2004]: Skript zur Berliner Immobilienrunde 7.9.2004, Berlin 2004.

O.V. [Erfolgsgeschichte, 2004]: 10 Jahre MPC – Eine Erfolgsgeschichte, in: MPC Capital AG (Hrsg.), MPC LIFE, 3/2004, Hamburg 2004, S. 28-29.

O.V. [Fondslandschaften, 2005]: Billige Wohnungen versprechen blühende Fondslandschaften, in: Immobilien Zeitung, 1-2/2005, Wiesbaden 2005, S. 3.

O.V. [Grand Hotel Heiligendamm, 2004]: MIPIM Awards 2004 – Kempinski Grand Hotel Heiligendamm macht das Rennen, in: Schirmacher, Albrecht F. (Hrsg.), Platow-Immobilien, 17.03.2004, Nr. 31, Frankfurt am Main 2004, S. 5.

O.V. [Heiligendamm, 2004]: Traumplätze: Ost-West-Geschichte – das „Kempinski Grand Hotel Heiligendamm", in: Schöner Wohnen, 5/2004, Hamburg 2004, S. 216-227.

O.V. [Heiligendamm, 2003a]: Service – Was Heiligendamm zu bieten hat und was es kostet, in: Wirtschaftswoche: Pflichtblatt der Wertpapierbörse Frankfurt und Düsseldorf, 22/2003, Düsseldorf 2003, S. 106.

O.V. [Heiligendamm, 2003b]: Ostseebad: wie Phoenix aus der Asche – Heiligendamm, die „weiße Stadt am Meer", ist wieder eine Attraktion, in: Stern: das deutsche Magazin, 25/2003, Hamburg 2003, S. 106-115.

O.V. [Hintertür, 2004]: Raus durch die Hintertür, in: Finanztest, 9/2004, Berlin 2004, S. 42-43.

O.V. [Immobilientrend, 2005]: Immobilientrend – Die Branche blickt gebannt in Richtung Ausland, in: Immobilien Zeitung, 10/2005, Wiesbaden 2005, S. 6.

O.V. [Investmentmarkt, 2005]: Investmentmarkt Wohnimmobilien: Langer Atem zahlt sich aus, in: Immobilien Zeitung, 14/2005, Wiesbaden 2005, S. 5.

O.V. [Innovative Kapitalanlagen, 2004]: Innovative Kapitalanlagen – Geschlossene Fonds Ausgabe 05/04, Berlin 2004.

O.V. [Kanada, 2005]: Attraktivster Standort der Welt – Kanada, in MPC Capital AG (Hrsg.), MPC LIFE, 1/2005, Hamburg 2005, S. 12-15.

O.V. [Nische 2005]: Die passende Nische, in Immobilien als Geldanlage, Mit Sicherheit mehr Vermögen, Focus Money Gemeinschafts-Special, 10/2005, München 2005.

O.V. [Opportunisten, 2005]: Deutschlandfonds, offen für Opportunisten, in: Immobilien Zeitung, 9/2005, Wiesbaden 2005, S. 4.

O.V. [§ 15b EStG, 2005]: § 15b EStG vorerst vom Tisch – Keine Einigung bei der Unternehmenssteuersenkung, auf: http://www.fondsprofessionell.de, 23.06.2005.

O.V. [Spezialist für US-Outlets, 2003]: Der Spezialist für US-Outlets legt einen neuen Fonds auf, in: Immobilien Zeitung, Wiesbaden 2003.

O.V. [Steuervorteile, 2005]: Steuervorteile für Geschlossene Fonds bleiben vorerst, auf: http://www.faz.net, 24.06.2005.

O.V. [US-Vulkan, 2005]: Tanz auf dem US-Vulkan, in: Schirmacher, Albrecht F. (Hrsg.), Platow-Immobilien, 08.06.2005, Nr. 64, Frankfurt am Main 2005, S. 6.

Pelikan, Edmund [Beteiligungs-Kompass, 2004]: Beteiligungs-Kompass Handbuch für geschlossene Fonds in Zusammenarbeit mit dem Deutschen Beteiligungsforum e.V., Landshut 2004.

Pfnür, Andreas [Immobilienmanagement, 2002]: Modernes Immobilienmanagement: Facility Management und Corporate Real Estate Management, Berlin 2005.

Raeke, Jürgen / Schramm, Michael [Geschlossene Fonds, 2005]: Optimal investieren mit geschlossenen Fonds, 1. Auflage, München 2005.

Rasche, Hans O. [Marketing-Konzeption, 1992]: Vorbereitung einer Marketing-Konzeption, 5. überarbeitete Auflage, Stuttgart 1992.

Ries, Al / Trout, Jack [Positioning, 1986]: Positioning – the battle for your mind, New York 1986.

Ries, Al / Trout, Jack [Marketing, 1990]: Marketing fängt beim Kunden an: Taktik geht vor Strategie, Frankfurt am Main 1990.

Rohmert, Werner (Hrsg.) [Der Immobilienbrief – Spezial, 2005]: Der Immobilienbrief – Falk Insider Spezial Nr. 77a, Rheda-Wiedenbrück 2005.

Rohmert, Werner (Hrsg.) [Der Immobilienbrief, 2005]: Der Immobilienbrief Nr. 86, Rheda-Wiedenbrück 2005.

Rottke, Nico B. [Opportunity Fonds, 2004]: Anreizkompatibles Beteiligungsmodell für Opportunity Fonds – Integration agency-theoretischer Aspekte, in: Schulte, Karl-Werner (Hrsg.), Zeitschrift für Immobilienökonomie, 2/2004, Wiesbaden 2004, S. 6-30.

Rudolph, Thomas Christian [Positionierungsstrategien, 1993]: Positionierungs- und Profilierungsstrategien im europäischen Einzelhandel, St. Gallen 1993.

Rudolph, Thomas / Bauer, Thomas [Profilieren, 1997]: Profilieren mit Methode: von der Positionierung zum Markterfolg, Frankfurt am Main 1997.

Simon, Heinz Josef [Substanz, 2004]: Deutschland Fonds - Substanz zählt, in: Immobilien Manager Special Nr. 4, Geschlossene Immobilienfonds: Konzepte, Märkte, Transparenz, Köln 2004, S. 4-6.

Scharwies, Michael [5. Bauherrenerlass, 2004]: Der 5. Bauherrenerlass – Mögliche Auswege für die Gestaltung von geschlossenen Immobilienfonds, in: Betriebs-Berater: Zeitschrift für Recht und Wirtschaft, Heft 6, 09.02.2004, Heidelberg 2004, S. 295-299.

Schlag, Alexander [Kapitalanlage, 1995]: Innovative Formen der Kapitalanlage in Immobilien: Möglichkeiten und Perspektiven der Beteiligung privater Anleger an Grundstücksvermögen, Kiel 1995.

Schmidt, Christian / Führlein, Martin [Immobilienmarkt, 2005]: Der amerikanische Immobilienmarkt bietet gute Chancen für deutsche Anleger, in: Frankfurter Allgemeine Zeitung, 10.06.2005, Nr. 132, Frankfurt am Main 2005, S. 41.

Schoeller, Florian / Witt, Martin (Hrsg.) [Jahrbuch 2002/2003, 2003]: Jahrbuch Geschlossene Fonds 2002/2003, Berlin 2003.

Schoeller, Florian / Witt, Martin (Hrsg.) [Jahrbuch 2003/2004, 2004]: Jahrbuch Geschlossene Fonds 2003/2004, Berlin 2004.

Schoeller, Florian / Witt, Martin (Hrsg.) [Jahrbuch 2004/2005, 2005]: Jahrbuch Geschlossene Fonds 2004/2005, Berlin 2005.

Schoese, Ralph A. [Finanzdienstleistungen, 2002]: Marketing von Finanzdienstleistungen – Dienstleistungsqualität im Privatkundengeschäft der Banken, Frankfurt am Main 2002.

Schramm, Christian [Kaufverhalten, 2002]: Kaufverhalten bei Finanzdienstleistungen, Wiesbaden 2002.

Schröter, Philipp / Nowak, Michael [Investor Cards, 2004]: Customer Relationship Management für geschlossene Immobilienfonds – Analyse der Kundenbindungswirkung von Investor Cards, in: Immobilien Zeitung, 20/2004, Wiesbaden 2004, S. 23.

Schwarz, Friedhelm [Reptil, 2004]: Wenn das Reptil ins Lenkrad greift – Warum Gesellschaft, Wirtschaft und Politik nicht den Regeln der Vernunft gehorchen, Reinbek bei Hamburg 2004.

Schweer, Michael [Zinseszinseszins-Effekt, 2004]: Der Zinseszinseszins-Effekt, in: MPC Capital AG (Hrsg.), MPC LIFE, 3/2004, Hamburg 2004, S. 12-14.

Schweer, Michael [Erfolgsspezialisten, 2005]: Die Erfolgsspezialisten, in: MPC Capital AG (Hrsg.), MPC LIFE, 1/2005, Hamburg 2005, S. 4-10.

Scope (Hrsg.) [InvestmentReport, 2005]: InvestmentReport, Sonderausgabe Geschlossene Fonds, Berlin 2005.

Sinus Sociovision GmbH (Hrsg.) [Psychologie, 2004]: Die Psychologie des Geldes – Die acht Geldtypen und ihre Verteilung in Deutschland, Quantitative Studie für die Commerzbank AG, Management Summary, Heidelberg 2004.

Sofka, Wolfgang / Schmidt, Tobias [first mover, 2004]: I like the way you move: an empirical investigation into the mechanics behind the first mover and follower strategies, Mannheim 2004.

Sondermann, Axel [Investmentfondsanlagen, 2001]: Investmentfondsanlagen im financial planning: ein anlegerorientierter Marketingansatz, dargestellt am Beispiel von emerging market fonds, in: Schulte, Karl-Werner (Hrsg.), Financial Planning, Band 3, Bad Soden/Ts. 2001.

Spiegel, Bernt [Meinungsverteilung, 1961]: Die Struktur der Meinungsverteilung im sozialen Feld, Das psychologische Marktmodell, in: Heiß, Robert (Hrsg.), Enzyklopädie der Psychologie in Einzeldarstellungen, Band 6, Bern, Stuttgart 1961.

Spinnarke, Verena [Trading-up, 1994]: Trading-up – Entwicklung eines situativen Entscheidungsmodells zur Aufwertung von Marken, Hallstadt 1994.

Axel Springer Verlag AG (Hrsg.) [Märkte, 2001]: Märkte – Finanzen, Marketing Anzeigen, Informationen für die Werbeplanung, Hamburg 2001.

Steul, Martina [Risikoverhalten, 2003]: Risikoverhalten privater Kapitalanleger – Implikationen für das Finanzdienstleistungsmarketing, Wiesbaden 2002.

Suckrow, Carsten [Geschäftsfeld-Positionierung, 1996]: Internationale Geschäftsfeld-Positionierung in Investitionsgütermärkten, Wiesbaden 1996.

Süchting, Joachim [Strategische Positionierung, 1996]: Strategische Positionierung von privaten Banken: Relationship-Banking als Marketingansatz, in: Zeitschrift für das gesamte Kreditwesen, 6/1996, Frankfurt am Main 1996, S. 263-267.

Symannek, Robert [Chancen, 2005]: Brachliegende Chancen nutzen, in: Bankmagazin, 05/2005, Wiesbaden 2005, S. 43.

Tomczak, Torsten / Reinecke, Sven [Positionierung, 1995]: Die Rolle der Positionierung im strategischen Marketing, in: Thommen, Jean-Paul (Hrsg.), Management-Kompetenz: Die Gestaltungsansätze des NDU/Executive MBA der Hochschule St. Gallen, Zürich 1995, S. 499-517.

Trommsdorff, Volker [Positionierung, 1995]: Positionierung, in: Tietz, Bruno / Köhler, Richard / Zentes, Joachim (Hrsg.), Handwörterbuch des Marketing, 2. völlig neu gestaltete Auflage, Stuttgart 1995, S. 2056-2068.

Trommsdorff, Volker [Image-Positionierung, 1992]: Wettbewerbsorientierte Image-Positionierung, in: Markenartikel, 10/1992, Wiesbaden 1992, S. 458-463.

Trotha, Maria-Gabriele v. [Immobilie als Kapitalanlage]: Immobilie als Kapitalanlage, Berlin 2003.

Unterreiner, Frank Peter [Geschlossene Immobilienfonds, 2002]: Geschlossene Immobilienfonds immer variantenreicher, in: Frankfurter Allgemeine Zeitung, Immobilienmarkt-Verlagsbeilage, Nummer 272/2002, Frankfurt am Main 2002, S. 1, 3.

US Treuhand Verwaltungsgesellschaft für US-Immobilienfonds mbH (Hrsg.) [Unternehmenspräsentation, 2004]: Unternehmenspräsentation, in: http://www.us-treuhand.de/unternehmen/weichekosten.php, 21.10.2004.

US Treuhand Verwaltungsgesellschaft für US-Immobilienfonds mbH (Hrsg.) [Leistungsbilanz 2003, 2004]: Leistungsbilanz 2003, Darmstadt 2004.

US Treuhand Verwaltungsgesellschaft für US-Immobilienfonds mbH (Hrsg.) [Prospekt UST XI, 2003]: Prospekt UST XI Dearborn, LTD., Darmstadt 2003.

US Treuhand Verwaltungsgesellschaft für US-Immobilienfonds mbH (Hrsg.) [Prospekt UST XIV, 2004]: Prospekt UST XIV Hotel, LTD., Darmstadt 2004.

Wenker, Götz [Präsentation, 2004] Präsentation, in: Skript Berliner Immobilienrunde – Sonderveranstaltung „Markttrends bei geschlossenen Fonds, Qualitätskriterien und Schwachstellenanalyse bei der Produktauswahl", Berlin 2004.

Wentlandt, Albert [Positionierung, 1993]: Die strategische Positionierung von Finanzdienstleistungsunternehmen, Frankfurt am Main 1993.

Wenzlau, Andreas / Höfer, Ute / Siegert, Marcus / Wohlrab, Sabine [KundenProfiling, 2003]: KundenProfiling, Die Methode zur Neukundenakquise, Erlangen 2003.

Wiktorin, Anne [Fachmärkte, 2005]: Fachmärkte ziehen Investoren an, auf: http://www.handelsblatt.com/ pshb?fn=tt&sfn=go&id=1025896, 24.04.2005.

Zerres, Michael (Hrsg.) / Rufo, Marc [Positionierung, 2003]: Positionierung regionaler Flughäfen innerhalb der deutschen Flughafenbranche, Hamburg 2003.

Zineldin, Mosad / Bredenlöw, Torbjörn [Performance, 2001]: Performance measurement and management control positioning strategies, quality and productivity: a case study of a Swedish bank, in: Managerial Auditing Journal, 16/9 2001, Emerald 2001, S. 484-499.

Zitelmann, Rainer [Immobilien, 2002]: Reich werden mit Immobilien, 3. aktualisierte und erweiterte Auflage, Planegg b. München 2002.

Zitelmann, Rainer [Vermögen, 2004]: Vermögen bilden mit Immobilien, 1. Auflage, Freiburg [Breisgau] 2004.

Zitelmann, Rainer (Hrsg.) [Immobilien-News, 2005a]: Immobilien-News, 25.04.2005, Berlin 2005, S. 1.

Zitelmann, Rainer (Hrsg.) [Immobilien-News, 2005b]: Immobilien-News, 30.05.2005, Berlin 2005, S. 12.

Zitelmann, Rainer [Keine Gemischtwarenläden, 2005]: Keine Gemischtwarenläden, in: Immobilienwirtschaft, 05/2005, Freiburg 2005, S. 26-27.

Zitelmann, Rainer [Macht der Positionierung, 2005]: Die Macht der Positionierung – Kommunikation für Kapitalanlagen, Köln 2005.

Zuber, Markus [Qualitätswahrnehmung, 2005]: Rendite und Qualitätswahrnehmung – Eine experimentelle Untersuchung zur Anlageberatung, Wiesbaden 2005.

Juristische Quellen

Einkommensteuergesetz [EStG] in der Fassung der Bekanntmachung vom 19.10.2002 (BGBl. I S. 4210).

OECD-Musterabkommen 2003 [OECD-MA]: Zur Vermeidung der Doppelbesteuerung von Einkommen und Vermögen, Stand 2003, http://www.bundesfinanzministerium.de/ Anlage23222/OECD-Musterabkommen-2003.pdf, 19.01.2005.

Doppelbesteuerungsabkommen mit den Vereinigten Staaten von Amerika einschließlich Protokoll [DBA-USA] in der Fassung der Bekanntmachung vom 29.08.1989 (BStBl. I 1991 S. 94, BGBl. II 1991 S. 355).

Interviews

Ambrosius, Tim Oliver (DB Real Estate Germany / Leiter Unternehmenskommunikation) [Experteninterview, 2005]: Experteninterview zum Thema Positionierung geschlossener Immobilienfonds, Emailkontakt 12.07.2005.

Arndt, Volker (US Treuhand, Verwaltungsgesellschaft für US-Immobilienfonds mbH / Vertriebsleiter) [Experteninterview, 2005]: Experteninterview zum Thema Positionierung geschlossener Immobilienfonds, Telefoninterview, 18.07.2005.

Beermann, Johannes (FUNDUS Fonds-Verwaltung GmbH / Pressesprecher) [Experteninterview, 2005]: Experteninterview zum Thema Positionierung geschlossener Immobilienfonds, Emailkontakt, 21.07.2005.

Gerber, Jürgen (Jamestown US-Immobilien GmbH / Fondsmanager) [Experteninterview, 2005]: Experteninterview zum Thema Positionierung geschlossener Immobilienfonds, Telefoninterview 12.07.2005.

Hennig, Carsten (IVG ImmobilienFonds GmbH / Fondsmanager) [Experteninterview, 2005]: Experteninterview zum Thema Positionierung geschlossener Immobilienfonds, Telefoninterview 11.07.2005.

Trispel, Klaus-Dieter (Commerzbank AG) [Kurzinterview, 2005]: Kurzinterview zum Thema Vertriebsanforderungen an geschlossene Immobilienfonds, Emailkontakt, 17.05.2005.

Kontakt

Dipl.-Kfm. Philipp Schröter
Freier Journalist

Berger Strasse 174
60385 Frankfurt am Main

Mail: philipp.schroeter@web.de

Dr. Michael Nowak
Consultant
Lehrbeauftragter am Institut für
Immobilienmanagement der Universität Leipzig

Universität Leipzig
Institut für Immobilienmanagement
Marschnerstraße 31
04109 Leipzig

Mail: nowak@immo.uni-leipzig.de